出雲王朝の故郷、雲南市の三刀屋・木次を望む（金子博文撮影）

鉄と農耕に生きた古代出雲族の暮らしをささえた斐伊川（金子博文撮影）

出雲王朝の物証、荒神谷遺跡の銅剣出土状況（島根県古代文化センター提供）

もう一つの出雲王朝の物証、加茂岩倉遺跡の銅鐸出土状況（金子博文撮影）

大国主命を祀る一宮給下の三屋神社

出雲王朝の根拠地、一宮給下での「御門火まつり」（2003.11.1　金子博文撮影）

蘇れ古代出雲よ

出雲王朝は鉄の故郷・三刀屋にあった

石飛 仁［著］

新泉社

はじめに

私は三歳から十三歳まで出雲、島根県飯石《いいし》郡三刀屋《みとや》町（現、雲南《うんなん》市）に育った。これから、この地につながる私の「砂の記憶」をたどっていこうと思う。

それは「出雲国風土記」（七三三年）を土台にした父・樋口喜徳《よしのり》の〝出雲王朝「御門《みかど》」説〟と、その深遠なる古代出雲史を掘りおこし、鉄と農耕に生きた古代出雲族に光をあて、その蘇りを願う記録である。

古代出雲史は、〝神話〟に埋もれて茫々として謎のままになっている。これまでの日本古代史は、九州と大和中心に語り伝えられ、出雲はフィクションとしての〝神話〟にとめおかれ、結局のところは〝実在の古代文化圏〟としては相手にされてこなかった。

しかし、「古事記」や「日本書紀」中の〝出雲系神話〟に甘んじ消えていた古代出雲は、一九八四年に島根県簸川《ひかわ》郡斐川《ひかわ》町〝荒神谷《こうじんだに》〟で三五八本もの銅剣が大量に発見され、翌年には銅鐸六個と十六本の銅矛が発見されたことで、物証を通してとらえる道が拓かれた。旧来の〝出雲神話〟には登場しなかった大量の銅剣の存在はまさに世紀の大発見であった。これまでに九州や大和で点在して発見されている古代銅剣よりはるかに大量の銅剣が一カ所に並べられて〝出雲〟で見つかったのである。さらに一九九六年、島根県大原郡加茂《かも》町（現、雲南市）、岩倉の山中で、三十九個もの銅鐸が発見された。九州史観にも、大和史観にも出てこない、二大、大量の神器の出現であった。

〝出雲〟には何かがあると思いながらも、物証がないことからその実像に踏み込むことができないでいた私は、古代出雲史の解明にとりかかった。

実相としての古代出雲史をたぐる基点を、私は出身地の小学校跡地の裏山にある三刀屋町一宮給下《いちみやきゅうした》松本古墳群においた。そこから世紀の大発見である荒神谷の銅剣、加茂岩倉の銅鐸等を抱える南出雲十キロ圏の実相にせまることにした。根拠となるものは〝鉄〟と〝御門《みかど》のあった処《ところ》〟と「出雲国風土記」にある、という指摘である。

私は、個人的体験である「砂の記憶」を通して、農耕と漁撈、鉄と銅に生き、喜びの芸能（神事）に暮らし、消えていった古代出雲族の姿を掘っていくことにした。

山深き南出雲に遠い王朝を求めて歩き、また古代出雲王朝の根拠地を想起する第一回

「御門火まつり」を提唱し、二千年の古代を蘇らせようと、砂を盛り火をたき、二千個の灯明《あかり》を並べて、古代出雲の開拓者たちスサノオノミコト・イナダヒメ・オオクニヌシノミコト・スセリヒメらに感謝する平和祈念のまつりを開催した（二〇〇三年）。山を歩き、火を灯し、耳を澄まし時空をとらえて太古と対話する――そうすることによって、「砂の記憶」からやがて古代出雲の実相が見えてくると思うのである。

蘇れ古代出雲よ　目次

装幀　勝木雄二

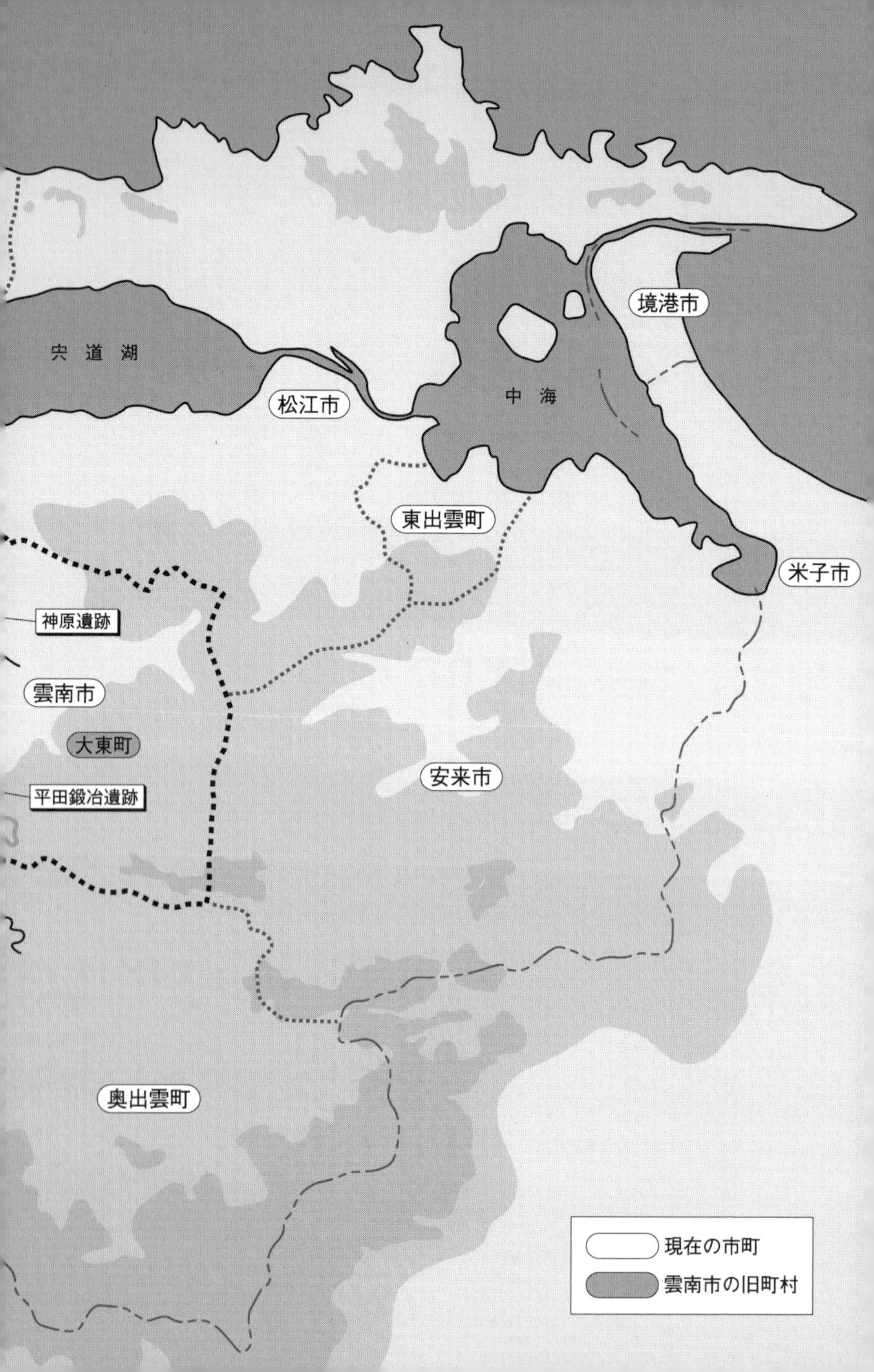

宍道湖
松江市
中海
境港市
米子市
東出雲町
神原遺跡
雲南市
大東町
平田鍛冶遺跡
安来市
奥出雲町
現在の市町
雲南市の旧町村

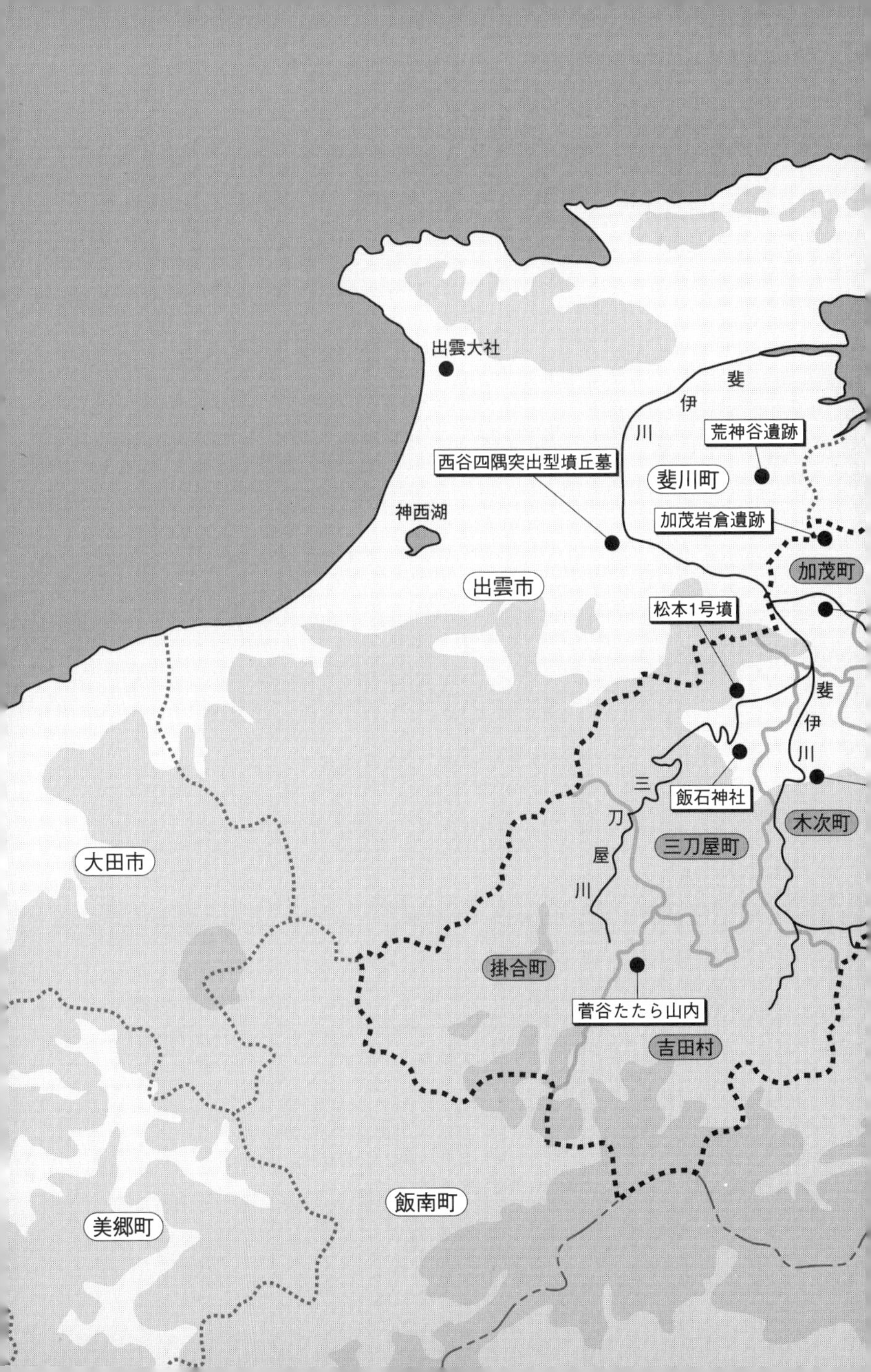
出雲大社
斐伊川
荒神谷遺跡
西谷四隅突出型墳丘墓
斐川町
神西湖
加茂岩倉遺跡
加茂町
出雲市
松本1号墳
斐伊川
三刀屋川
飯石神社
木次町
三刀屋町
大田市
掛合町
菅谷たたら山内
吉田村
飯南町
美郷町

I

故郷、出雲へ

砂の記憶

二〇〇三年正月十八日、私は島根県の南出雲、人口八千ほどの小さな町、三刀屋《みとや》にいた。出雲空港から車を飛ばし、出雲で一番大きい斐伊川《ひいかわ》沿いの土手を、上流に向かって三十分ほど行くと、やがて道は土手を離れ右手山裾に沿うようになり、左手に斐伊川に合流する三刀屋川が見えてくる。私が小学校六年生まで育った故郷三刀屋盆地に至る。父親が亡くなって九年ほどになるが、東京からの久方振りの墓参りであった。

十二人いた父の兄弟姉妹のうち今はもう一人だけになってこの町に住む叔父夫婦と共に、三十段ほどの石段を上って、奥まったどん尻にあるわが家の墓地に立った。墓石は五基あった。

墓は寺院の小高い裏山にあり、私のかすかな記憶では、鍛冶屋の娘であった祖母、そしてかつてこの町で魚市場を仕切っていた祖父、そして東京で亡くなったわが母、数え年九十歳で亡くなった、横浜の団地住まいだった父、みなこの地に眠っていた。

私は、決して熱心な墓参り人ではなかったが、別に先祖をないがしろにしていたわけではない。むしろ、死者へのこだわりは他人よりはずっと強いかもしれない。しかし、東京に仕事場をもち、法事もすべて東京で済ます私には、出雲帰りは仕事がらみで立ち寄る以外に容易にできることではなかった。

法事をするわけでもなく、仕事の合間の立ち寄りでもない今回の墓参りは、父が残した宿題に立ち向かう時をようやく得た喜びに浸っての帰郷であった。

父が私に残した宿題は二つあった。一つは、戦時中に秋田県の花岡鉱山に強制連行されていた中国人が過酷な労働に抗議して蜂起し、その弾圧等で多くの犠牲者を出した、「花岡事件」の戦後処理問題であり、もう一つが古代出雲史を日本の正史に位置づけることであった。

長らく続けてきた週刊誌記者の生活にひと区切りをつけ、まだ「花岡事件」の平和交渉の結果が出ない半ばの状態の時に亡くなった父へ、その平和交渉が中国人被害者へ基金を支払うということでまとまったこと等の報告を兼ねた墓参りだった。

墓石の水差しに花を挿し線香をたき合掌を終えると、祖父母が眠る墓石の傘の部分が少し欠けたままになっている説明を、弘志《ひろし》叔父がはじめた。

父がまだ元気で、東京で活躍していたころのことである。ある日、この山陰地方一帯を襲った風水害によって、墓地全部が下の田んぼまで土砂に押し流された。土葬だった祖父と祖母の遺骨は藻屑となって土砂に流されて発見できなかった。泥の中から墓石を捜し出し、一つひとつ掘り出して上まで運び上げ元に戻した。その時の水害で墓石の傘の部分が損壊した。叔父は出雲弁で「そげん大事《おおごと》だったけん！」と言った。

今は樹木が茂って、元通りとなっているので、下の田んぼまで墓石全部が流されたという過去の情景を思い浮べることはできないが、わが家の墓石はその時に受けた破損の跡をたしかに残して立っていた。

私は、この叔父の話を聞きながら、この地方一帯の土地が関東の土と違って、柔らかい真砂《まさ》という風化花崗岩《かこうがん》によるものであること、大地が顔を出すと砂色の土地になることを思っていた。

父が愛し、祖父らが暮らし、叔父叔母らが子供を育ててきたこの南出雲の地方性を、私はものすごい勢いで手繰り寄せようとしていた。

この地方は風化花崗岩が多く、大きな風水害があると長年堆積した腐葉土を切り裂くように樹木を押し流し、白い砂肌が露出する。関東地方へ移って暮らすようになると、子供のころ慣れ親しんだその露出したやわらかい砂色の地面は縁遠いものとなっていった。だから、大事《おおごと》だったという水害の爪痕についての叔父の説明にもかかわらず、私の感じ方は別のところにあったのだ。私が〝地面の色の違い〟に思いをはせていることを、ずっと出雲にいた叔父は知らないのだと私は内心おかしかった。

一九五四（昭和二十九）年、私は小学校六年生の夏、この小さな町を離れ、蒸気機関車の山陰線で京都に出て、電化されていた東海道線に乗り継いで、母と共に東京へ移った。東京は新宿区の小学校に転校したのであるが、出雲地方の地肌の色が薄黄白色のいわゆる砂の色であるのに対して、富士火山灰に覆われた関東ローム層の黒褐色が大地の色となっている関東との違いに驚いた。私にとっては腑に落ちない大いなる違いであった。

砂丘のある鳥取県は知っていても島根県の位置がわからないという人の多い東京で、出雲から来たまったくの少数派である私は、疑問に思うこと自体が恥ずかしいように思われ、そのことを独りずっと記憶の底に仕舞い込んでいた。

大地の色が違うというのは、人の顔が違い、言葉づかいが違うことと重なっていて、私を無口にした。

私が小学生のころの三刀屋には黒いアスファルト道路はなく、すべて小石と砂で固められた砂色の道ばかりだった。東京はアスファルトで舗装された街だったから、地面の土色の違いについては気にとめることはなかった。

東京では学校の校庭はアスファルトになっていたから、田舎にいる時のように竹ほうきで校庭を掃き清めて下校することもなかった。

舗装されていない田舎の道は遅れているだけだと思って、アスファルト道路の下の土色の違いなどまったく気にとめなかった。私が土色の違いに気をとられたのは東京に移ってしばらく経った暑い日のことだった。

夏休みに東京に来たばかりで遊び友達のいない私を気の毒だと思ったのだろう、同じアパートに住む高校生と中学生が、江ノ島の海水浴場に連れていってくれた。富久町から歩いて新宿駅に出て、小田急に乗って江ノ島の海岸に行った。

あっと驚いたのはその時だった。砂浜が黒いのだ。夏の日の照り返す日差しに乱反射し陽炎《かげろう》の立つ白い浜は、ここでは違っていた。

打ち寄せる波際に舞う砂が灰色に濁っていて、私には不気味だった。

山間部の川で育った私は、海の浜辺をあまり知らなかったが、それでも出雲大社のある海浜には何度か通い、稲佐の浜と呼んでいたその砂浜は眩しいばかりの白砂の浜だった。ところが江ノ島の浜は、灰色の砂浜となって濡れた水際は鉄板のような色だった。

子供だから、何事もすぐに周囲の環境に順応していけたのだが、私の場合はずーずー弁をしゃべる出雲なまりが恥ずかしくて、子供らしい疑問を周囲に問いかけることをしなかった。私は、威勢のいい東京弁に圧倒されて容易に出雲言葉を口にすることができなかった。私は「いわず」(言葉をしゃべれない人のこと)のように黙りこくって、その場をやり過ごしていた。

だから、当然のように思っていた明るく眩しいばかりの白い浜のことや、路面が砂色をしていること、屋根瓦は皆赤瓦だったこと、墓石といえば全部御影石、といった自然な情景のことは、東京の子に変身していく過程で封印していた。

しかし私の子供のころの記憶は、私自身の中で、消しがたい残滓となって絶えることはなかった。誰にも打ち明けることのなかったそれは、秘めた私だけの「砂の記憶」として残りつづけていた。

私の記憶は、田や畑の腐葉土をおしのけて現われる砂の色の記憶であった。さらさらと川底を流れる黄白色のことだった。

砂にも粘土質があるのだろう。砂地は腐葉土と混ざって踏み固めると固くなった。田や畑の土は腐葉土として茶黒色《ちゃぐろいろ》なのだが、関東のようには黒くはなかった。

子供のころは、陣取りをしてよく遊んだのだが、地面に十センチ程の釘を突き刺すと、スパッとよく刺さった。私が遊んだ高等学校のグランドは子供たちの野球場にもなり、球拾いでころがって膝に傷をつくると、傷口には白い砂がついていた。拡張されたグランドの土は真砂《まさ》山の崖を削って作られた。腐葉土の下から顔を出した真砂山の崖はさらに階段式に整備され観覧席となった。そのすべての地肌は黄白色だった。

雨の日、砂地の地面を叩きつける雨は溜まって、一定の水かさになると、出口に向かってさーっと流れ、水の道を作る。それは砂の流れ道となった。

雨水が砂を押し退けて流しているのか、砂が水を押し出しているのか、水と砂は共にこすりあって小川へと流れ、それがやがて大川へとつながっていった。

大川とは三刀屋川の別称で、それは下流で出雲一の大川、斐伊川に合流していた。斐伊川は名だたる天井川《てんじょうがわ》で砂床に覆われた大河だった。川床は砂で埋まり浅く広かった。川

黄白色に広がる斐伊川の河原（金子博文撮影）

と砂の関係には、互いを必要とする一体感があり、私が東京へ出て知ることになる、石とぶつかって砕けるように流れる石床の川とはまるで違った川だった。

町中《まちなか》にあった私の家の横には、幅八十センチほどの溝があり、いつもはチョロチョロと流れる生活排水溝だったが、雨が降って流れが増すと、流れを遮《さえぎ》っていた木枝や腐食した葉などをドッと流し、その下にはキラキラと砂地が見える小さな川となった。

私はその砂地にポチャンと飛び下り、足をまさぐって砂で堰を作ったり、またそれを崩したりして遊んだ。

町の周囲を流れる小川は、皆、砂の川底で、東京に出てから知ることになるドス黒いドブ川を、私はまったく知らなかった。

小川には、ネンパといっていた小魚がスイスイと砂上を泳いでいた。水が溜まって少し濁っているようなところでも、手箕《てみ》という割竹で編んだザルを差し込んですくってみると、砂と一緒に小魚が獲れた。水と砂は、私にとっては一体のものだったし、砂地はたえず水を浄化し、濁りを沈め、水と共に流れゆくものだった。

ニョキニョキと入道雲が山のいただきにわきおこる夏。砂の大川で泳いだ。赤い腹を見せるハヤを浅瀬に走って追い込み、足をパッと広げてペタリと座り、股ぐらから手摑みでとって遊んだ。折った柳の枝にエラから口にさしてぶら下げて得意がった。

〝蠅とり瓶〟に糠団子を入れて川に沈めておくと、ハヤたちが迷い込んで蠅とり瓶のなかにごっそりと獲れた。

子供たちは、白いパンツ姿で泳いだが、上級生になると〝黒ふんどし〟で泳いだ。川辺に生えた柳を折って、濡れたパンツを干しながら家に帰ると、すでに乾いていた。泳ぎつかれると砂浜で寝そべった。川で砂浜と戯れるということを他の地方の川遊びをする人には、にわかには理解してもらえないものだということすら私にはまだわからなかった。

砂を掘って宝物捜しごっこをして遊んだが、それは海岸でのことだろうと誰もが疑う。

川に砂浜などはないのが常識であり、砂の川で戯れる子供はヘンなのである。

わが郷里の川、三刀屋川は砂の川だった。だから、大雨が降り、川が腐葉土と混ざり合って濁り、濁流となっても、そのあとの川はそれは綺麗な砂色の川なのである。

この郷里で、叔父が私に話してくれた墓受難の大事《おおごと》に、私は別の感慨をもった。砂と共に流れ出た墓石をさがすたいへんさの中に、この地方の優しさというものがしみ込んでいるように思ったのである。

ここには、独特な気性がある。その気性は、この砂と水との絶妙な関係を体現しているように思えてならない。やさしさ……といっていいのだろうか、田舎らしいユーモアといっていいのだろうか、争うことを知らない素朴さといってもいいのか、古代から連綿と続いてきた南出雲の人間の気性には、ちょっと説明しがたい砂の記憶が付着しており、それは一つの独特な気性になっているように思うのである。

その気性には、古代よりこの地方で生活の営みとなってきた鉄穴流《かんなwhile》しが影響していると私は思う。

鉄穴流しとは、表土を削り、真砂《まさ》（砂鉄）の地肌を露出させ、それを切り崩して砂鉄を含んだ砂を水で洗う。時には一キロ先の奥山から水路を作り、谷々の水を集めて鉄穴場《かんなば》に引き入れ、崩した真砂土を木桶《きおけ》に流し込むのだ。木桶の底には板を切り込んだ段差が付けてあり、比重の重い鉄分（砂鉄）を沈殿させ砂を流す。

この木桶は、長いものになると数十メートルにもなり、鉄穴場は大きな規模にもなった。比重の軽い泥水は流れるわけだが、その泥水を階段状の池を作っていったん流し込み、上澄みの清水を放流した。池がやがて泥土で埋まるころとなると、鉄穴場はまた別の場所に移動する。

で、次の過程がかなり肝心な点であるが、泥の池は後に鉄分を除去した田ともなり、畑ともなるのだ。つまり、田畑の地面ができ、そこは堆積の地となる。砂鉄採取業によって採られた砂鉄はやがて鍛冶屋《かじや》をへて農具となっていくわけだから、季節労働の巡回によって、山と川は変化しながら人々がそこで暮らしていくわけである。

古代からタタラが基幹産業となってきたこの地方では、水と砂と真砂の関係が、人々の気性の中にまで沈殿し、独特な出雲人気質を創り出している。

砂の記憶を持ちながら関東に住むようになった私は強くそう思うのである。

そして、私の年代でさえ持つ砂の記憶は、父には相当なものであったろうと思う。古代出雲への思いを抱えたまま亡くなった私の父も、この水と砂のようなやさしい気質を持っ

かつての製鉄を再現している菅谷たたら山内

たまま、敗れるように生涯を閉じた人だった。父の主張は異端扱いされるだけだったろうが、私には正統な主張に思えているのである。

「本当に親父は、この町が好きだったよね」と私が叔父に言うと、「ほんに、何んかかんか用事があーといってはよーもよーも戻らいたけんな。兄キは」と石段を降りながら感に堪えかねたようにいっぱいの笑顔の中で叔父は言った。

私が東京に転校した小学生六年生当時のことだが、同じアパートに住む四年生の男の子が友達と「テメイナニヤッテヤンデー!」と小競り合いしている場面に出くわしたことがあった。相手をテメイ!呼ばわりする四年生の子供の威勢のよい言葉づかいに圧倒されたたことを思い出す。私はオゼモン（怖い者）でも見たように怯え、その男の子のタンカにとまどった。およそ相手を威嚇《いかく》したり、非難悪口を周囲の人から聞くことのなかった私には、二歳下の男の子の日常会話はおそろしいものだったのである。

私の〝砂の記憶〟は、威勢のいい都会にはまったく見られぬ特殊な世界のことだった。私はズーズー弁の田舎者であることがバレないようにするために、黙ったまま耳をそばだてて東京弁を覚えるまで知らんふりしてやり過ごした。争うことに不得手な、ニャーニャーと聞こえる出雲弁を必死に隠し押し殺し、東京っ子に変身していった。東京はそんな田舎者によって膨れ上がって存在していると知ったのはずっと後のことである。

私は今、その東京から心をUターンさせて、失われた故郷を蘇《よみがえ》らせようとしている。父があれほど愛しつづけた故郷に、いったい何があったのか。私は父が残したもう一つの宿題である古代出雲史を解こうとして、今、胸騒ぎの中にいる。

胸騒ぎ

おそらく、人は誰でも子供のころに、自分の心身に付着させている〝忘れ得ぬ原風景〟を持っているのではないだろうか。その風景は、時折その人の人生の節目に顔をだし、何事かの示唆を与える。

あれは、私が結婚して五年ほどの月日を重ねた早春のある日のことだった。やがて夜も明けようとするまどろみの刻、一つの風景が浮かび上がってきた。

私は金縛りにでもあったように、その風景と対峙しつづけた。

そして、私はそのあまりにも懐かしい風景に胸苦しさを覚え、体がワナワナと震え、涙があふれ、声を出して泣いた。少年のころ飽きずに見つづけた、遠くに雪をかぶった山脈と麦畑をあおるように伝ってくる春風に立つ自分が、懐かしさのあまりに実在化して蘇《よみがえ》ってくるのである。

その懐かしさは、泉のように湧き起こって私をいたたまれなくするのである。ポタポタポタとわけもなく涙を流している私に、妻は驚いて声をかけるのだが、東京市街地で生まれ育った彼女には説明のしようのない土臭い原風景を懐かしさのあまり胸いっぱいにして感動する心根を説明しようもなく、「ちょっとね」と言いよどむしかなかった。

その私をして突きあげるように蘇ってきた風景というのは、幼いころを過ごした南出雲の郷里三刀屋《みとや》の風景だった。私は、春先によく駆けずりまわった城山の段段畑から、山脈越しに見える雪をかぶった中国山脈を遠望した。

その時見た美しい風景を思い出して声をあげて泣くなんて、エキセントリックこのうえないことと大いに恥じるのだが、その故郷の風景はこの時だけではなく、時折鮮明に蘇ってきたのである。

小学校の六年生までしかいなかった私でさえそうなのだから、父母がその地で生まれ、その地で育ち、親戚もみな出雲で生活を営むという父の場合は、その思いは尋常なものではなかったことであろう。

父が、私に残していった宿題が二つあったことは先に触れたが、私はそれとは知らずに、

三刀屋一宮給下の台地に立つ父・樋口喜徳。背後に三刀屋の町が見える

結局その残された宿題に答を出そうと、もがき活動してきたように思う。自らの力量がどのへんにあるのかもわからぬまま、その宿題から離れることはなかったのである。二つの宿題に共通するところは消された歴史を忘れないということであった。

私と墓参りをしてくれた弘志《ひろし》叔父は、今八十歳で、十年前に亡くなった私の父とは二十歳ほどのひらきがある。父の兄弟姉妹は皆長生きで、今は独りになったこの叔父も愛車をスイスイと運転する元気者である。夫婦して元気に暮らし、二人の男の子と養女を育て終えて、マイペースの好々爺である。

この叔父のしゃべる出雲弁は、私にとってはものすごく懐かしい方言であり、訛りを隠すわけでもなく磊落《らいらく》に語りかけてくれるのでありがたかった。

以前は宿場町として旅館が何軒もあったこの町に、唯一つ残った旅館の支配人を長くやっていた叔父は、近在のことには物知りで、東京の私の家に時折郷里の様子を知らせてくれていた。出雲を思い、ひたすら郷里を語りつづけてきた私の父を、兄なのに父親のように慕ってきた。この叔父と、私の間は二十歳ほどの開きがあり、私が父親と四十歳のひらきがあることから、父親の活躍していた時代のことはこの叔父に聞けばよくわかった。

私には、上に三人の姉がいる。三人とも健在であるが、明治生まれの父親の激動の時代を語るには情が湧いてきて適切さを欠いていた。

一番上の姉は、父母の神戸芦屋《あしや》時代にしばらく子供ができなかったので、旧藩の家老の血筋を引く家から養女に迎えた娘だった。その下に四人の女の子が次々とできたが、そのうち二人が幼女のころに流行病《はやりやまい》で亡くなり、五人目にやっと男の児として私が生まれた。

父母が世帯をもったのは関西であった。芦屋の劇場主の書生をしていた父はそこの養女だった母と結婚し、その後大阪で雑誌の編集長をやっていたから、子供達は皆大阪で生まれている。

一家は、大阪が空襲にあうようになって、郷里の三刀屋に引き揚げ、戦中戦後をこの郷里で過ごす。私も大阪生まれだが、二歳半の時、母たち皆と郷里の出雲に戻った。家は広島と松江を結ぶ街道の町中《まちなか》にあり、今でも住んでいた建物は残っている。一家が東京に移って以降も、わが家を買い取り、新しい住人となった電気店一家の好意で、父はこの町に戻ると、わが家に戻ったように振る舞い、寝泊りをしていた。私もまた今でもそうしている。

一家が大阪を引き揚げて郷里に戻ったのには、空襲による疎開という理由のほかに、父が最後の国民兵として海軍に招集され、郷里から出征していったこともあった。

父は、九州の特攻隊基地だった海軍航空隊鹿屋《かのや》基地の整備兵となり、上等兵として終戦をむかえる。郷里に復員すると、島根県の農民運動をおこし、農民組合の設立などに奔走し、社会党の県連書記長をやりながら政治活動も開始する。

私のかすかな記憶の中に、家の中庭で堆肥を積み上げ、それが湯気を上げているところに長い温度計を突き刺して何事かを説明していた父の姿があった。有機農法を教えていたのだろう。ぐるりと取り囲む近在の農家の青年たちに、しきりに話しかけていた姿を覚えている。

戦後のこの町は賑わいに満ちていた。都会から疎開してきた者や戦地から引き揚げてきた一家が、あらゆる家の二階や離れに住み、賑やかであった。長い戦争の耐乏生活から解放された元兵士たちにおとずれた平和な時は、人々を浮き立たせていた。よく復員してくる兵士を駅前広場に町民あげて迎えに出た幼い記憶がある。

広島と松江を結ぶ道沿いにあるこの街の駅は、汽車の止まる鉄路のある駅ではなかったが、今市《いまいち》と言っていた出雲市へのバス路と広島へ出る県道があり、汽車の通る隣り町木次《きすき》や大東《だいとう》、宍道《しんじ》、松江へ出る幹線道路の要所で、一度皆がこの駅に降り立って、乗りかえる交通の要所だったのでバス停を「駅」と呼んでいた。

結婚式があちこちであり、棟上する家も多く、投げまかれるふるまい餅を取りに子供たちははしゃいでいた。町の中心地にあった私の家の近くには、高等学校や中学校、芝居小屋や役場があり、天神様と呼んでいた三刀屋天満宮の祭りには、周辺の在《ざい》から繰り出す人でごったがえして大賑わいであった。

私がもっとも心惹《ひ》かれていたのは、天神下《てんじんした》の芝居小屋でのチャンバラ劇と祭りにかかる八俣《やまたの》オロチ舞であり、学校帰りによく出くわした大神楽《だいかぐら》の一座を見ることであった。大神楽と、舞台をしつらえて演じられる八俣オロチの神楽《かぐら》とは違っていて、大神楽は祭りとは関係なく町に回ってくる大道芸であった。

この町の出身者には、松江高校から長崎医科大学に行き、医者となったあと原爆に遭遇した永井隆博士がいた。『長崎の鐘』や『この子を残して』という本を書き、ベストセラーになり映画にもなった悲劇のクリスチャンだった。

町中《まちじゅう》の人が、芝居小屋と呼んでいた天神下の映画館を埋めつくして「長崎の鐘」を観て泣いていた。喜びも悲しみもいっぱい詰め込んだ田舎町の芸能で、私は育ったのである。

私が保育園に通ったころは、高等学校の建物の一室が保育園になっていた。小学校に入ると、町からすこし離れた一宮給下《きゅうした》と呼ばれていたところにある二階建ての木の校舎に列をつくって通った。町並からすると三刀屋川を渡った一キロメートル先の給下にあった小学校はちょっと遠かった。

ローラーで固められた土の校庭を子供たちは素足でかけずり廻っていた。砂地だから、足の裏がチクリと痛いだろと思うかもしれないが、ふみ固められた砂地は粘土質とあいまって、ちょうど土間のタタキのような感触なのである。リレーなどをする時、円周コースぎわを竹ほうきできれいに掃き清めておくと、とても走り良いのだ。

素足で遊んでいるから大きな足洗い場があり、水が溜めてある。授業開始の鐘がなるとそこで足を洗って教室に駆け込む。教室に入るころには足は乾いていた。もちろん冬場は運動靴だが、上履きにはわらぞうりが最適だった。木の廊下は、ヌカ袋で磨いていたからピカピカで、木肌のぬくもりを感じていた。冬はバケツにお湯を入れて雑巾がけをしたものである。

私にとって給下の木造校舎の周囲は心騒ぐ思い出の地である。

あの山この山、ただ懐かしいそれらの風景は、日本の最古の地理史「出雲国風土記」に全部登場する地名ばかりである。給下にあったその小学校跡地の裏山の台地こそ、本書のテーマである出雲王朝の拠点の地である。

「出雲王朝はこの三刀屋の一宮（給下）にあった」と訴え続けた私の父・樋口喜徳《よしのり》は、昭和二十年代この町で二度の衆参国政選挙を戦い、県議選にも挑み、二度の町長選に出ていずれも敗れている。

何事も記憶の断片にしかない小学生の私だが、学校帰りの土手の道で「やーい三回落選ヤーイ」と下町《しもまち》にいた上級生からよくいじめられたものである。

全国的にいっても、この地方は選挙に燃える土地柄で、投票率はいつもトップだった。私の家も運動員の出入りが激しく、とても賑やかであった。保守色の強い土地柄なので、

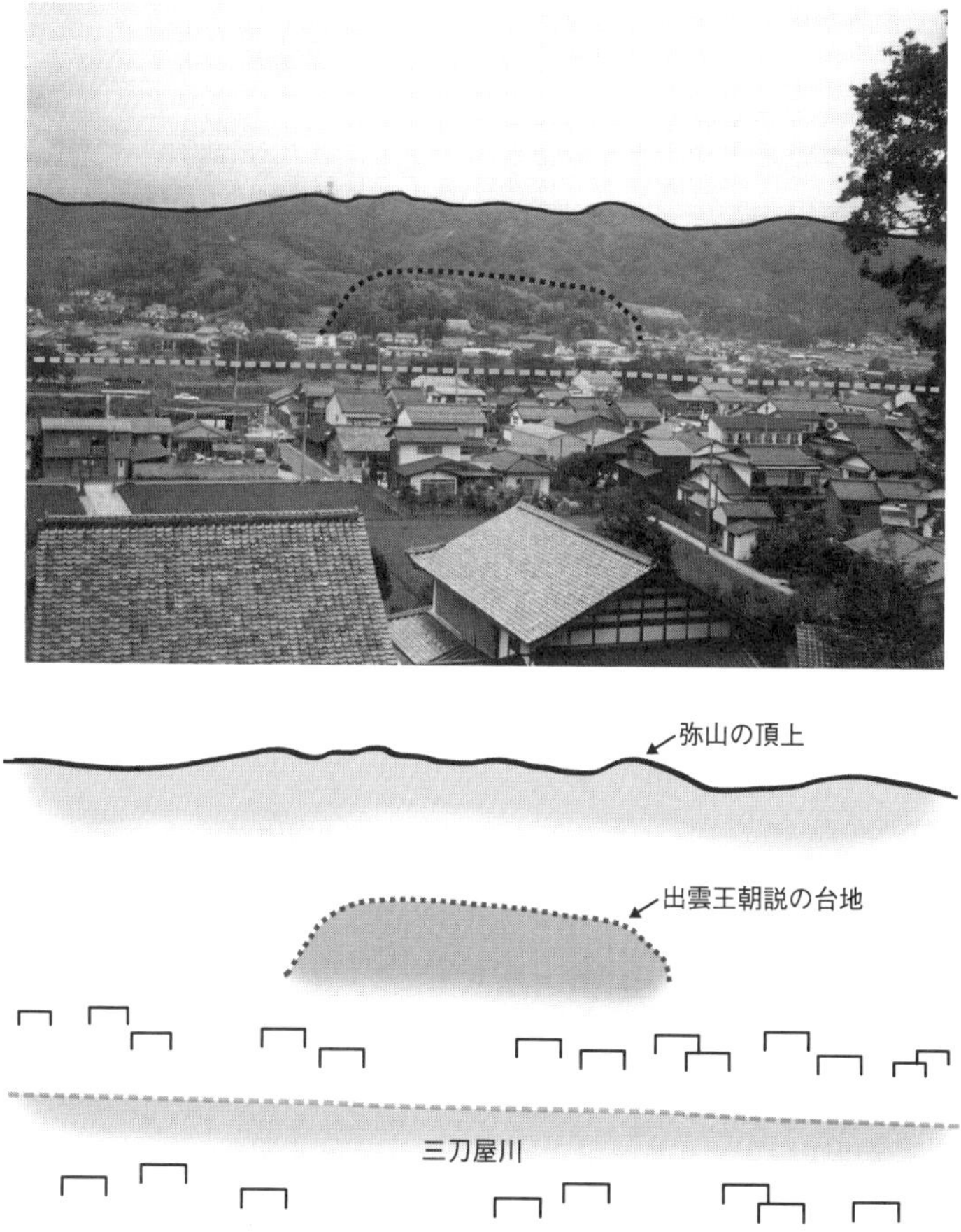

雲南市・三刀屋町給下方面を望む。山並みの手前に見える台地に松本古墳群があり、その下に旧三刀屋小学校の跡地がある。さらにその手前を三刀屋川が流れ、右手下で斐伊川と合流する

革新派を擁していた父の選挙地盤は盤石であったとはいえなかった。

私の母は神戸の芦屋の人で、出雲には人脈を持たず、竹を割ったような性格は、ニャーニャーと聞こえる出雲弁の中に埋もれて苦労の人であった。

魚市場を経営して町の有名人だった祖父条五郎《くめごろう》は父とは政治観が違うらしく、選挙ポスターの横に不支持を表明したりして、父の革新政治と対立していた。

父は金策が苦手な理念の人で、人徳だけで勝負する人だったから、勝てるはずの選挙にもいま一歩で勝てず、次点に泣いた。

政治家としての道を断念して、郷里を離れ一家は東京へと移り住むのであるが、この父の郷里出雲に対する思いは、その後も募るばかりで、叔父が言うように、何事かをみつけてはこの出身地三刀屋に帰り、かつての支持者たちと交流を続けるのが父の生き甲斐であった。郷里を愛し続けながら敗れ続けた父の郷里思いは強かった。

東京に出ると、二人の姉のうち、上の姉を新宿の服装学院に、下の姉を美術の職業学校に通わせ、私を新宿区立富久小学校に転校させた。私はさらに生徒数が増えて新設することになった東戸山中学校の一期生から高校・大学へというコースを歩んでいった。

父は日本橋の三井本館内にあった月刊業界誌の発行にたずさわりながら著述業を続けて

いたが、その間、郷里との縁は絶ちがたく、国政選挙で懲りているはずなのに、後に二回までも東京から出向いて町長選挙に出て、またしても敗れていた。推す人がいたから出たのであろうが、決め手となる運動資金を得られず、敗北を続けてきた悲劇の人である。

私は東京っ子になりながら、この異常なまでの父の郷里への思いをはかりかねて育っていた。大学を出て演劇の道に入り、若手演出家として社会活動（反戦運動）をした後、実社会の事件をさまざまな角度から取材する週刊誌の専属記者となった。実際に記者生活を続けるとなると、次々に起きる社会的テーマに取り組むための予習が必要で、〆切時間と相手の事情と編集部の意向の狭間で気ぜわしかった。現代のジャーナリストとしてやらねばならない具体的なテーマが私には絶えず課せられていた。それとの格闘で必死となった。

演劇の活動から週刊誌の記者生活に移行する時、私は「反戦・平和」のテーマを課題にした経歴を持っていたので「歴史の事実を掘り起こす」作業に力が入っていた。

記者生活者として、これこそがライフワークだという事柄にぶつかっていた。一九四五（昭和二十）年七月一日の夜、秋田県花岡鉱山の下請け鹿島組中国人飯場「中山寮《ちゅうざんりょう》」で起きた中国人の反乱事件がそれであった。

四万人の中国人が日本に連行され、一年で六八三〇人（外務省調べ）も死亡していた。

これはまさに国際的な戦争犯罪事件であった。

処女作となる『中国人強制連行の記録―花岡暴動を中心に』を一九七三年に太平出版社から刊行し終えた後も、被害者の代理人となる役まで引き受けてしまい、具体的な解決をめざすという〝異端の記者〟となっていくのである。

世の中にはさまざまな出来事が生起する。それを取材し読者に提供する。それが記者の仕事である。しかし、なおも問題の解決が放置されていて、その基本を解決せざるをえないという思想上の問題に、私ははまってしまったのである。

事実の真相は、みごとなまでに消されていた。

一九七〇年当時、演劇を離れて雑誌記者に移っていた私に、消されていたこの事件の存在を教えてくれたのは父だった。青年のころ、社会主義者として「特高」から追われた体験をもつ〝主義者《しゅぎしゃ》〟の父が、もしこの事実に絡んだ社会的活動歴（戦後の慰霊祭に参加していた）を持っていなかったなら、私はこの事件を知らぬまま過ごしていたであろうし、間違ってもこんなにまで時間と資力を費やすようなことにはならなかったであろう。

出雲への思いも、ライフワーク「花岡事件」の解決に取り組むことも、父が私にもたらした宿題であった。胸騒ぎは私を出雲へ向かわせた。

出雲王朝

私はライフワークとなっていった「花岡事件」にのめりこんで、徹底した調査をするために北の秋田県大館市花岡へと通った。だからずっと西の出雲のことからは離れていたわけだが、そのライフワークが一休みとなった一九八七年に、「出雲王朝があった所は、郷里の三刀屋《みとや》だ」としきりに力説する父と共に六歳の息子をともなって、三人で郷里三刀屋に戻ったことがある。

父は、ハードな戦後未処理問題「花岡事件」と格闘してパンパンに張りつめた私を見かねてか、一段落しただろうと、私に古代出雲史の話を聞かせた。

いわく「出雲族は砂鉄を原料に鉄をつくり、それを産業にして朝鮮や中国に輸出して富み栄え、鉄の工具で農業もはかどり、それがために富み栄えて笑い暮らし、飲めや歌えのお祭り好きで、とうてい新興勢力として台頭してきたヤマト戦闘集団と戦争する気力も備えもなく、国を譲ってしまうほどの平和な民だった」と。

私が泳いで育った三刀屋川や斐伊川についても、「あの天井川《てんじょうがわ》の砂の川は、古代から続いた砂鉄産業で暮らしを支えてきた出雲族の川なんだ。何もかもが皇国史観にぬりかためられて、ヤマトに国譲りをした出雲族の古代史はすっぽりと葬られているんだ」と。日本の歴史は皇国史観に遠慮して、ずっと実在した古代出雲史を隠してきたというのである。

「オオクニヌシノミコトは、出雲大社に祭神として閉じ込められているが、もともとは三刀屋にその宮廷があったんだ。まずその証拠には『出雲国風土記』の三刀屋の語源を説明するところにちゃんと御門《みかど》はここにありと書いてあるんだ」と父は力説した。

父の出雲王朝説が傾聴に値するものであるということに、私が次第に傾倒していくのは、二つの事実があってのことだった。

一つは、世紀の大発見とまでいわれた、三刀屋からすれば隣町にあたる簸川郡斐川町荒《こう》神谷《じんだに》から、三五八本の銅剣が出土したことである。これまで銅剣は北九州に多く、日本の古代政治権力の拠点は、九州か大和であり、物証もまた、この二大文化圏を中心にしていた。ところが二つの文化圏から出土したこれまでの総数（全国の総数でもある）を上まわ

荒神谷遺跡。銅剣 358 本が左手の斜面で発見された

る銅剣三五八本と十六本の銅矛、六個の銅鐸がたった一カ所からごっそりと出てきたのである。

発見は一九八四（昭和五十九）年七月のことで、標高二十八メートルの小丘陵の南斜面中腹に四列にビッシリと並べられていた。さらに翌年、この銅剣から七メートル離れた丘陵斜面中腹から銅矛と銅鐸も出てきたのである。この世紀の大発見に考古学界は騒然となった。古代史専門家たちによってその意味が大いに語られた。しかし、世紀の大発見ではあったが、その解説となると説得力を欠くものばかりであった。この物証の意味を明確には説明できないのである。それは文献学で追究するしかない古代史研究において、この物《ブツ》を文献上示唆する記述がないことによっていた。〝神話〟にさえも登場しないこの古代の大量銅剣の意味を皆がはかりかねて思案投げ首なのである。

もう一点は、日本史には消されてきた歴史の事実があるという点である。古代出雲史がそれにあてはまる。

消された歴史があるということについては私自身が体験しており、そのアヤもまた理解ができるのだ。たった半世紀前の「四万人中国人強制連行」の事実がそれであり、私はそれをライフワークとしてきたために、この点明確に事実は消されることがあると、わかるのである。

時の政権によって、歴史はそれを前提として成り立ち、伝統化する。歴史はたとえ正しいことであっても、容易には「正史」としてとりあげられることはないのもまた歴史なのである。

消された古代出雲史は、その意味で、消えたまま今日まできたのだ。そのことを踏まえれば、物証として出土した荒神谷の大量銅剣発見は二千年を経た現代のことである。その大発見の十四年も前に、父・樋口喜徳が地元の「島根新聞」(一九七二年・昭和四十七年二月)紙上で、「私説出雲風土記」を連載して〝出雲王朝説〟を書いていたことは重要な点であった。

出雲王朝説につながる物証として、もうひとつ力説しておくべき点があった。学校教育で習うところの初期古墳時代に属する前方後方墳（西暦三五〇ころ）が、郷里の三刀屋で一九六三（昭和三十八）年八月に発見されていたことである。

松本一号墳と呼ばれるこの前方後方墳と、オオナムチ（大国主のこと）が祀られている三屋《みとや》神社（一宮）は目と鼻の先にあることから、樋口喜徳は、給下《きゅうした》の地を出雲王朝のあった場所と主張していたのである。

しかし、東京に出てしまっていた父の愛郷精神プンプンのこの〝三刀屋出雲王朝説〟は、ひとり浮いたままになっていた。

なにせ、父は悲劇の人であった。郷土を思う心は人一倍強いのに、勝てる選挙にすべて負けて散々であった。要は「主義者《しゅぎしゃ》」というレッテルゆえに排除の憂き目にあってきたわけだが、〝歴史の事実が隠されてきた〟ことの証明が実証されているとなれば、事実の記録者（ルポライター）としては放置してはおけないことであった。

私は一度郷里に戻って、このせっかくの父の説を地元の人にぜひ聞いてもらうべきだと思った。私も行くからと、父をけしかけて、私が前座をつとめ、父の「出雲王朝三刀屋

「出雲王朝はここだ！」と一宮給下説を説く樋口喜徳

説」講演会を三刀屋町の文化協会の主催で開催することにした。一九八七年八月一日のことだった。大好きな郷里に、息子と孫をともなって帰り、持論である出雲王朝説をスピーチできるとあって、八十歳の父は上機嫌であった。

その時の講演会で父が力説した「出雲王朝説」の要旨は五点にまとめることができる。父は語り出した。

①出雲王朝に興味を覚えたのは昭和十五年ごろで、当時大阪に住み、共立合金鉄株式会社という製鉄関係の会社を興していた時であった。鉄の成分分析に携わって、郷里の砂鉄生産工場に足を運んでいるころ、

ちょうど大阪に「古事記研究会」という会ができたので入会した。

そこで、出雲大社を本社とする大社教の分院が大阪にあり、そこの院長だった千家尊建先生を知った。尊建先生に自分は三刀屋の出身であることを告げると、三刀屋は出雲大社の第一神門《しんもん》があったところだとおっしゃった。それで「出雲国風土記」を読んだ。たしかに三刀屋の郷の記述のところに「三屋郷《みとやのさと》、所造天下大神之御門即在此処《あめのしたつくらししおおかみのみかどすなわちここにあり》」とあった。郷里では一宮《いちみや》という地名があり、一宮の古老たちから、出雲大社に神官が着任するとき、かならず一宮の三屋神社にお参りをしたものだということを聞いた。

その内容を「私説出雲風土記」と題して書いた。それから五年後、東京の原田常治氏によって『古代日本正史』(同志社、一九八二年)が発刊され、この本に三刀屋に出雲王朝があったと書いてあり、自分の説が裏付けられた。加茂町の神原《かんばら》神社古墳から景初三年(二三九)の鏡が発掘され、斐川町荒神谷から銅剣、銅矛が大量に出土し、大和王朝以前に出雲王朝が存在したということが、学界でも注目を集めるようになってきた。
②出雲王朝が存在した年代は、ちょうど二千年ほど前、西暦元年を境にしたころである。当時の出雲地域の地形は、島根半島はまだ本土とは陸続きではなく、島であり、今の出雲平野の大部分は水や海の中にあり、中海、宍道湖、神西湖によって本土と離れて

いた。

　したがって、大国主命《おおくにぬしのみこと》が国譲りをする以前の寝殿は、三刀屋にあったのであり、三刀屋に出雲大社の「鳥居」があったなどという説はヒントにはなっても正しくない。

「出雲国風土記」の「御門」は「おんもん」と読まずに、ミカドと読むのが正しい（昭和十年初版　大日本文庫刊行会発行『風土記集』植木直一郎文学博士校訂本には「御門《みかど》」と正しくふり仮名を付けている）。つまり、朝廷がここ三刀屋にあったと書いてあると理解すべきだ。

　古来「文明の都」は、川に沿った内陸を都としており、大和においても内陸の都をうるわしきところとして設置している。

　大国主命は、八十神を追って木次《きすき》に至り、引き返して城名樋《きなび》山に城を築いて「八十神は青垣山の中に入れない」と、周辺一帯の山々を青垣に見たてて、平和な自己の神域として宣言されている。出雲国のほぼ中央にあたる見晴らしのよい平地を抱いたこの地は、現在の三屋神社から松本一号墳の台地こそ、出雲朝廷跡地として判定できる。

　今に残る地名、一宮、給下《きゅうした》、案田《あんだ》、垣内《かいと》などは朝廷の跡地にふさわしいものとして残っている。

③出雲の地に最初におりたったという須佐之男命《すさのおのみこと》が、先住民族として生活していた稲田姫《いなだひめ》を斐伊川の上流で助ける話があるが、この地方にはオロチと呼ばれた製鉄民が定住しており、すでに朝鮮半島から渡ってきていた先住民が農耕生活を営んでいた。

須佐之男命の時代は、出雲は文化の進んでいた中国よりは、たしかに遅れていた。だから須佐之男命がそうであったように、朝鮮半島から日本にはまだなかった文化をもってきた。出雲地方は、日本海を中心とした交通貿易の基地だった。

朝鮮からの海のルートはウルルン島、竹島、隠岐《おき》、島根半島と続き、対馬《つしま》、壱岐《いき》、北九州のルートも発展し、弥生時代へと発展していく。

進んだ大陸文化の受け入れ口にあたる出雲地方には弥生時代の農耕文化、技術も入り、漁業が行われ、水稲、畑作、林業、製炭、製鉄などが行われていた。

古代朝鮮に中国文化が入ったのは、中国の史書「史記」によると、滅ぼされた殷《いん》の重臣箕子《きし》が周の武王によって朝鮮に封ぜられ、人民に礼儀を教え、田蚕《たかいこ》、織作の道を教えたと書かれている。紀元前二世紀のころになって箕子から四十余代目の後裔《まつえい》と自称する箕準《きじゅん》が平壌を中心に朝鮮国をつくったことによって朝鮮の歴史が始まる。

須佐之男命もまたこの時代の人である。中国の山東、泰山から東の地方一帯から南朝鮮、済州島方面までが周の版図に含まれ、周ではこの地方の人々を斉民《さいみん》と呼び、この種族は太陽崇拝と山頂降臨信仰を持っていた。中国では朝鮮の南部から日本にかけてを倭と称し、北倭、南倭として一緒にみていた。韓国の東海岸に迎日湾があるように、日本と同じようにこの地にも太陽崇拝信仰があった。

須佐之男命はオロチを退治して手名椎《てなづち》、足名椎《あしなづち》と娘稲田姫の家に婿《むこ》入りし、大国主命も須世理毘売命《すせりびめのみこと》に婿入りしている。こういう婿入りの風習を持った種族でもあったこと、大陸遊牧民の間にもこの風習を長く残していたものもあったので、この関係も考えねばなるまい。

出雲にやって来た人は渡来人として定着し、婿入りの風習を持ったり、太陽信仰や山頂降臨思想を持ったものが先住原日本人となり、新しく渡来した者は先住者の風習に馴染み妥協し、あるいは闘争しながら農業者として製炭、製鉄、林業の技術を持ち、漁業、航海民として栄えた。それが出雲族であり、出雲王朝ではなかっただろうか。

④出雲族は出雲国だけにいたものではなく、海洋民として日本海側では越と称された能登半島から背後の地方一帯に、太平洋側では伊豆地方にその足跡を残した。それらの地方には官幣《かんぺい》大社三島神社をはじめ出雲系の神社が多く存在している。

九州でも大国主命は宗像の奥津宮《おきつみや》の神、多紀理毘売命《たきりびめのみこと》をめとり阿遅鉏高日子根神《あぢすきたかひこねのかみ》、下光《したてる》比売命《ひめのみこと》を生むとあり、海上の神であると共に宗像郡、遠賀郡から豊前国日田郡、田川郡、阿蘇盆地までを勢力圏に入れるなど、その勢力は広い範囲に及んでいる。海へ広がった一方で、製鉄、林業、製炭の技術をもって山を越え、山頂降臨神話と共に山地を削り鉄穴《かんな》流《なが》しで山をそぎ耕地を作り、里に降ったものもいた。

三屋神社（旧一宮村給下、金子博文撮影）

この時代の出雲族の活動や生活を知るには、砂鉄採取と製鉄技術の関係を研究し、発掘物などによる考古学研究を進めることが必要であろう。古代製鉄は山を崩して砂鉄を取り、鉄穴流しをするので大量の土砂を川に流す。それが二千年も続くと日本の河川流域にはその堆積土で平地がつくられる。関東平野も濃尾平野も日本国土の平野は大部分がこうしてでき上がっている。各地の製鉄遺跡の発掘に期待したい。

皇国史観とは、抽象的な一神教のキリスト教を進歩的文明宗教と見た明治政府の官僚政治家が、日本古神道の自然観を後進性として排し、天皇は現人神《あらひとがみ》という日本思想を逆手に取り、天皇を一神教の神（ゴッド・アッラー等）と同一性のものとし、神格化するために歴史のすべてをその目的に方向付けするための史観だが、これが歴史に暗黒面を生じさせた原因である。

中国周末の戦国時代、今の北京を中心とした地方に燕《えん》という強国があり、刀の形をした「明刀《めいとう》」という通貨が交易のために用いられていた。紀元前二百年ころのもので世界で珍しい貴重な通貨である。

大正の初期、島根県簸川《ひかわ》郡杵築《きづき》町（現、出雲市）の命神社境内から明刀が発見されたが、骨董屋に売られたと噂があり、考古学者が追求調査したけれどついに発見することはできなかった。その後、やはり命神社裏山で細刃と広刃の青銅剣が発見された。これは現在出雲大社の所蔵品となっている。青銅剣と明刀は同時代のものなので、明刀が出土したことも真実だと思われている。

国譲りの後、高さ三十二丈の巨大な出雲大社が造営された。これは農業だけの富の蓄積によってできるものではない。交易・製鉄等の工業利益とその技術がなくてはできなかったことを考えるならば、出雲王朝の巨大な力が想像できる。

⑤私が青年のころ、大阪時代に入っていた古事記研究会では、従来幾多の学者が研究し、解釈してきたことの繰り返しでは研究にならないと考え、古代を伝える「古事記」を口誦をすることからはじめた。

「古事記」の文は当時宮廷貴族の間で用いられていた日常の日本語であり、天武天皇も阿礼に誦習させたであろうと発声音読した。全文を通読するには約五時間半を要した。風土記を読むに当っても、その道を歩み、山に上り、川を眺めながら解釈しなければ誤ることが多い。

「出雲国風土記」には三百九十余社の神社名があるけれども、その九九パーセントまで御祭神を記していない。神社に祭神名を記することをはばかる（大和朝に対し）理由があったと解釈される。

三刀屋においても故上代竜太郎氏が調査した記録を残しているが、「古事記」も「風土記」もただ読むだけではわからない。

たとえば、天下造らしし大神の「八十神を青垣山の内に入れない」との言葉一つ取り上げても、それを城名樋山に立って木次方面を見るとか、あるいは給下の弥山《みせん》の頂きに立って見下ろすならば、西は大社の海を望見し、東は三刀屋盆地の原が眼下にひらけ、四方の山々の情景を青垣山の内と見ることができる。

三屋神社の境内近くに降りても、そこに立つことによって二千年前の祖霊の呼びかけを、霊気として受けることもできるであろう。

この五つの要旨に触れながら「出雲王朝はここだ！」という講演を父は、よどみなく語りおえた。

出雲三刀屋に生まれ育ち、青年時代、社会主義者として出奔し、敗戦後、地元に戻って農民組合の結成から労働運動にかかわり、党の県連委員（日本社会党島根県連書記長・副委員長歴任）をこなし、選挙地盤をくまなくまわり、民俗を知りつくした地元の人間として語ったのである。地元の出雲出身者でなければ、出雲王朝の存在など構想しえないし、「須佐之男命の時代は、出雲は文化の進んでいた中国よりは、たしかに遅れていた。だから須佐之男命がそうであったように、朝鮮半島から日本にはまだなかった文化をもってきた。出雲地方は、日本海を中心とした交通貿易の基地だった。朝鮮からの海のルートはウ

弥生時代(国引以前の島根)

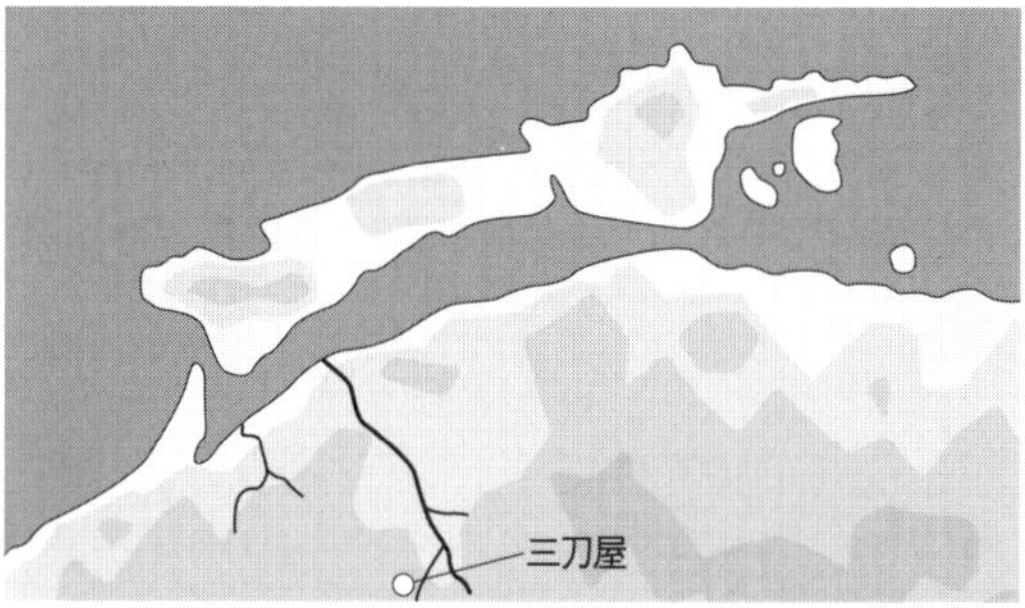

奈良時代(風土記時代)

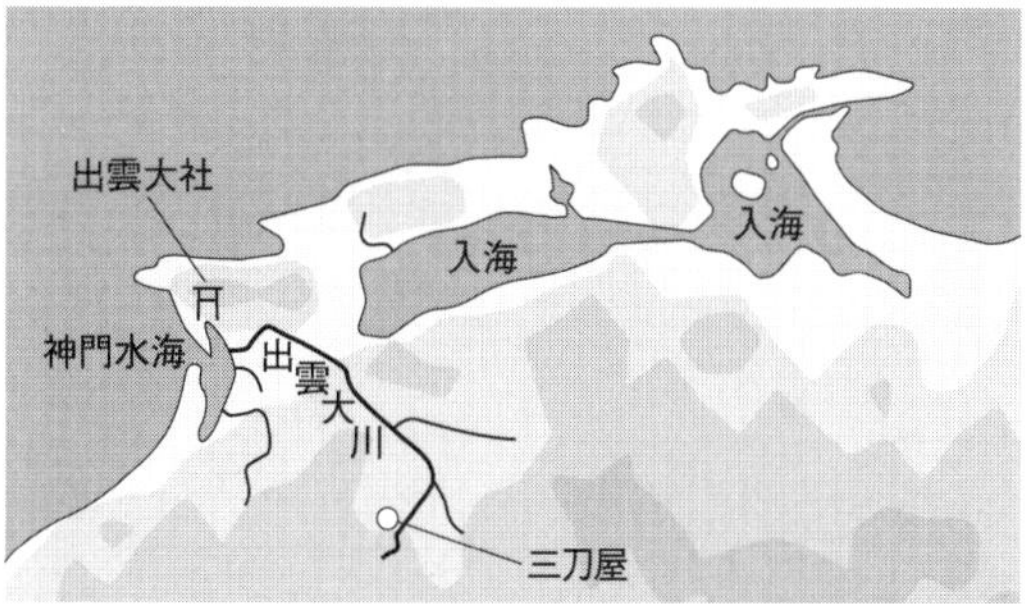

現代

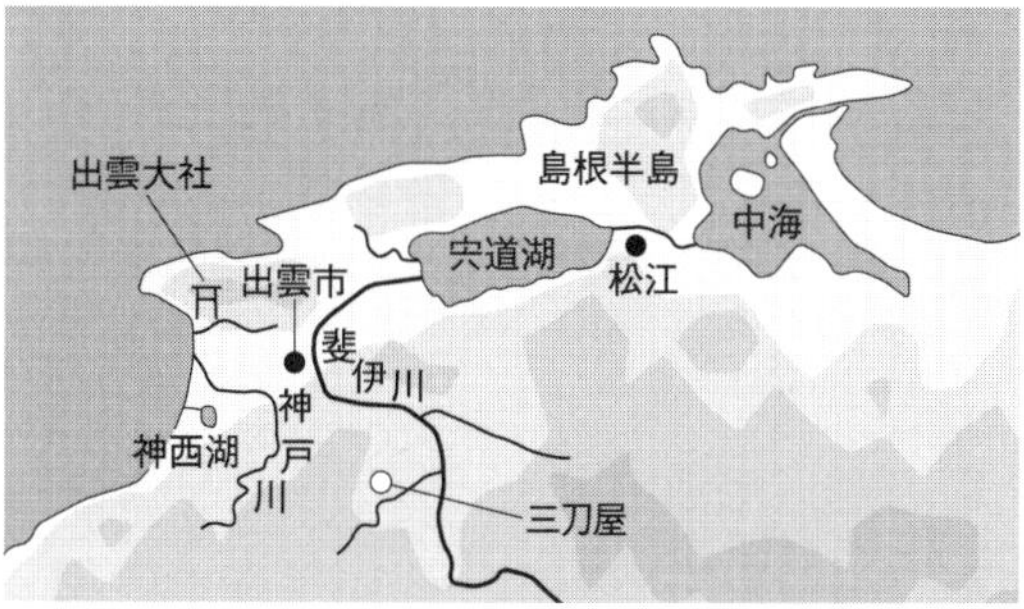

(『海と列島文化』2より、森浩一作図を石飛加筆)

ルルン島、竹島、隠岐、島根半島と続き、対馬、壱岐、北九州のルートも発展し、弥生時代へと発展していく」と主張しきるところまではなかなかできぬことであった。

また、「進んだ大陸文化の受け入れ口にあたる出雲地方には弥生時代の農耕文化、技術も入り、漁業が行われ、水稲、畑作、林業、製炭、製鉄などが行われていた」と言うとき、山林王としてこの地方の人々は知らぬ者はいないほどの有名人として、現代の田部《たなべ》長衛門氏等の存在がダブる。出雲の人々には古代の豪族オロチの存在を、大きな権限をもっていた山林王田部・桜内《さくらうち》・絲原《いとはら》等の〝だんさん〟と重ねてイメージすることができるから、そのことを意識して父の話は巧みであった。

父は青年のころからためてきた、故郷の〝古代出雲史〟について、一気に語ることができたのである。

前座をつとめた私は、前夜に父が叔父たちを集めて前夜祭のような歓迎を受けていい気分となり上気していたので、その疲れが本番の講演会に出やしないか心配していた。父は仲間と放談し酒を交わすことを殊の外喜びとしていた人で、ずっとその姿を見て育った私は、宴を張って自己完結してしまう酒飲みの父は好きではなかった。いつも接客におろおろする母の姿が哀れだったのだ。宴席で盛り上がった話が明日にでも花開くのであればいいのだが、大抵は次の話は資金ゼロの現実にもどっていた。だから私としては講演会を翌日に控えた前夜の上気した父のことが心配だったわけである。

幸いなことにこの講演会は無事に進行し、父は最後まで元気に自説を述べきった。百人ほどの聴衆の中に私が子供のころ見知っていた懐かしい顔が混ざっていた。父のかつての支持者の顔があったのだ。

この講演会を開催したことによって、郷里三刀屋には、その昔、出雲王朝時代を確立したオオクニヌシノミコトの活動拠点があったのだということを地元の人々に伝えることができたのである。

父は、町行政当局に向かって具体的な提案を行ったわけではなかったが、郷里に対する熱いメッセージとして皆が古代出雲を誇りに思うように仕向けるきっかけをつくることができたのである。

御門の里めぐり

講演会が無事に終わった翌日から、私は叔父の運転する車で、息子も連れて、父と一緒に「出雲国風土記」に登場する神社めぐりをした。

先ず最初に尋ねたのは飯石《いいし》神社だった。私の旧家から三刀屋川をさらに国道沿いにさかのぼり、粟谷《あわだに》から支流の飯石川に沿ってさらに行くと多久和《たくわ》地区に入り、小学校のある小さな村に至る。そこには四千年ほど昔の縄文中期の宮田遺跡がある。そのすぐ近くに、「出雲国風土記」に飯石郡の条に登場する飯石神社がある。

私はぜひとも見ておきたかった神社だった。なにせこの神社の御神体はオムスビの形をした大きな石で、その御神体を直接見ることができるのだ。

縄文宮田遺跡には三つの地区があり、名前は宮田《みやた》、古殿《ふるどの》、京殿《きょうでん》といい、古代人が三つ

飯石神社の御神体

の集落をつくって暮らしていた。その地区の中心地にめざす飯石神社はあった。

おもしろいのは、縄文遺跡の地域に、伊毘《いひ》志都幣命《しつべのみこと》が石を持って天から一緒に下りてきたものだということになっている点だ。

「出雲国風土記」（伊毘志都幣命天降坐処也。故云伊鼻志。神亀三年改字飯石）の注書きには「飯石郡の守護神で、貝または握り飯の形をした石を神体とする食糧生産と関係する女神」とある。

「記」「紀」の〝日本神話〟のうち三分の一は〝出雲系神話〟で占められているが、その〝日本の神話〟は、いわゆる縄文文化一万年の暮らしの延長上にあり、その後にできた専制ヤマト政権によって作られたのが〝建国神話〟である。石を崇める自然信仰の上に、守護神となってこの地域を治めることになる女神が食糧生産の技術をもたらしたという信仰が加わり、この神社に祭られているという次第がおもしろいのである。

私や父は〝神話〟に閉じ込められた先祖たちを生きた人間の歴史に置き換えて考えようとしているわけだが、この飯石神社には古代史の謎を解く鍵（縄文と弥生の関係）が典型的な形で残されていると思えるのである。

次に、砂鉄産業の工場ともいうべき吉田村の〝菅谷たたらの里〟に向かった。

中世のタタラ産業が現代まで残されていることは、貴重なことであった。タタラは古代出雲史をとく手がかりとして最も有力なものである。

現在のそれが、たとえ観光用の展示場となっていたとしても、まずは見ておかなければならない所だった。この吉田村の菅谷たたらは古代から変遷したものであることは「出雲国風土記」に飯石川で鉄が産出するという記述として残されていることからもうなずける。

次に私たちは川を下って斐川町の荒神谷遺跡に向かった。三五八本の銅剣が発見されたのは一九八四（昭和五十九）年のことで、翌年にはさらに銅鐸六個と十六本の銅矛が発見され世紀の大発見だったことはしばしば触れてきた。

このような〝大量〟発見は日本はもとより朝鮮にも中国にもその例がなく、これまでに日本中で発見されていた総数より多い数量が、ここ一カ所で出土したことは、出雲地方に古代の大勢力があったことを示すなによりの証拠となった。

荒神谷遺跡が大いに話題になった点は、量のほかにこれだけの大量の神器を埋める場所としては、ふさわしくない人里離れた狭隘《きょうあい》な谷だという「場所」の問題があった。私も大いに気になる点だ。仮に出雲王朝が三刀屋一宮にあったとして、この祭器であり、神宝である大切な銅剣が三刀屋（宮のある中心）からすればなぜ山の反対の斜面に埋められていたのかが謎であった。

この問題について父は言った。

「これは隠していたんだ、三刀屋に王朝があった時期は、この場所は三刀屋からすれば北にあたる、宍道湖側になるほうは裏にあたる。当時は出雲平野はまだ川や湖や沼地であって、日本海に繋がった海辺だった。王が安心して住むところではなかった。港の一角以外は人も住んでおらず、荒神谷は人里離れていたから隠し場所に良かったんだ」

「誰から隠す必要があったの」と私が問うと、父は「出雲を取りにきた大和から隠したんだ」と言った。

出雲王朝を奪いに来たヤマト勢に、わからぬように山の北側の斜面に埋めたのだというわけである。出雲式銅剣といわれるこの大量の銅剣は、出雲王朝時代を築いてきた出雲各地の豪族たちの魂を宿した神器として、荒神谷に隠してきたというのである。

たしかに、古代より出雲の地には荒神様《こうじんさま》を奉る祭礼があり、怖いところ、恐ろしい神としてスサノオノミコトが祀られているという風習があった。

隠し場所だという父の見解に地相があり私は納得した。私は、「記」「紀」にも「出雲国風土記」などの書物にもまったくふれられていない理由もそこにあると思った。

さらにいえば、発見された銅剣三五八本という数字が、「出雲国風土記」に記録されている出雲の神社数三九〇社と類似した数であることに、隠した意味を見出すことができるともいうのである。

荒神谷遺跡は出雲古代王朝の実在を示すことにつながるものだった。私は、あまりにも何げない辺鄙な地形に驚きながら、斐川町が立てた看板の絵に目がいった。看板には「出雲風土記の時代」として、出雲地方の地図が描いてあったのだが、宍道湖《しんじこ》を挟むかたちの島根半島と中国山脈を背後にした南の陸地とは、内海となっていて陸つづきではないのである。出雲平野が後にできて、島根半島とつながって現在に至るのだが、「出雲国風土記」

の時代は、中海となっていたのだと絵はそのことを伝えているのである。
私は絵図が、出雲平野は斐伊川が運んだ砂によってつくられたものだと語っていると思い、強い印象を受けた。荒神谷を見たあと私達はさらに出雲平野をこえて出雲大社にもお参りした。

出雲地方に住む人間にとって出雲大社は大きい存在だった。全国の神様が年に一度集まって会議を開く巨大神殿は、ありがたい存在と教えられてきた。出雲人には陰暦十月が神《かみ》在月《ありづき》（出雲以外は神無月《かんなづき》という）となるこの出雲の大社は誇りであった。

しかし、この時の親子で行った里めぐりでは、なによりも三刀屋のわが給下の元小学校の裏山に発見された松本古墳群六基を三人で訪れた時のことが大事であった。

子供のころ、私は給下に父に連れられてきたことを思い出した。ちょうど、私が息子を連れて来ているように私は子供だった。三屋《みとや》神社の秋祭りの日、神社の裏手にあった藁葺き屋根の大きな農家に連れられて寄ったことがあった。その農家には黒い大きな牛がおり、田んぼを耕す労働力として大事にされていたのを覚えている。この地方は、牛の産地でもあり私の子供のころまでは、牛の市場が町中に立ち、近在から化粧まわしのような飾りをつけた大きな牛たちが集まり、その優劣を競っていたものだった。子供のころは、小学校の裏山に古墳があるなどとは誰も知らないことだった。すぐ近くにあった当時の農家は跡形もなくなっていたが、周囲の風景は懐かしい気がした。

私たちはその農家はここらへんだったと話しながら山道を回り込むように丘に登った。するとと草におおわれた見晴らしのいい丘に出た。そこが松本古墳群だった。

父は、全長五十メートルもある大きな前方後方墳がここにあるということは、それ以前からこの地に出雲地方を治めていた政庁があったことを示すなによりの証拠になるのだと言った。

そこは桑畑になっていた丘陵地帯で、桃の木に植え替えようとした作業中に大量の土師器の破片が出てきて、ここには何かがあると県教育委員会の調査が入り、大型の前方後方墳が出てきたのである。発掘は一九六三（昭和三十八）年だった。日本の古墳時代は、ヤマト政権ができていく過程と重なるものと考えられ、この地方でも全国化する律令制度の進展にともなって出雲意宇《おう》地方（大庭地区、現在の松江地方）にヤマト式の古墳群が多くつくられている。

古墳は意宇地方がそうであるように開拓が進み稲作が発展する平野に多くみられる現象であった。しかし、三刀屋は山間部に属している。平野にあるような大きな前方後方墳が

松本1号墳（前方後方墳等全6基がある）

三刀屋に発見されたことに考古学者は皆、首を傾げた。

この松本一号墳を調査した山本清島根大教授の発表概要は次のようなものだった。

「副葬品には、中央部に子孫の弐字がよみとれる獣帯鏡一があり、刀子三、小形剣形鉄器一、縫い針一束、ガラス玉五個が検出された。また前方部に土師器の大壺を割って遺骸をカバーした特異な埋葬施設が二箇所あった。この古墳は雲南地方では、ごくまれな畿内型古墳の一つであり、この時代における当地方の相当な勢力を持つ豪族を葬った古墳と推定される……。」

ここにこれだけの大きい古墳が発見されたということは、出雲族の牙城にヤマト形のバチ形古墳（松本三号墳）が存在するという事実において、重大な意味があると考えねばならない。しかも古墳の初期時代、三五〇年ころ弥生時代の終わりにこの出雲雲南地区にあらわれた前方後方墳をどう考えるか——。ここでは、古代出雲史にくわしい学者二人の文章を紹介しておきたい。

『古代の出雲』（吉川弘文館、一九七二年）の著者水野祐氏が、この松本一号古墳について次のようにふれている。「……島根県飯石郡三刀屋という地域は、出雲における伝説上から、大国主命出雲経国上の根拠地として常に御館が存在した由緒の深い地であると伝えられ、その地に古来素戔嗚尊と大己貴命とを主祭神とする三屋神社（旧御社）が鎮斎されているのである。そして、出雲国造家も、三刀屋郷の総氏神である本社をことさらに尊崇される由である」

また古代史学の権威上田正昭氏は、『古代文化の探求』（講談社学術文庫、一九九〇年）の中でつぎのようにふれている。

「葦原の中つ国の代表とされる出雲には、豊かな水系を背景とする文化があった。その中で注目されるのは方形墳の多いことであり、これは古墳時代前期から見出され、引続きその伝統が維持されていった。前期の安来《やすぎ》市荒島町の大成古墳や、飯石郡三刀屋町の松本一号墳などにも、出雲における政治的勢力のありし日が偲ばれる。

かつて斐伊川流域を紀行したおり、三刀屋町へ赴いたことがある。小学校の裏山にある松本一号墳から、木次町とその周辺を眺望した。眼下に斐伊・三刀屋両川が平行して走る。この地はまさしくこの地域の首長が国見するにふさわしい場所であることを実感した。これは『出雲国風土記』が三刀屋の地を天下の惣廟跡としていることに真実味があることの生きた証言といってよいであろう」

松本一号墳が古代出雲史をひもとく時の重要な鍵であることは間違いのないことである。ここがつまり出雲王朝の政庁のあったところだからこそ、その後の歴史を刻む前方後方墳が存在しているというわけである。私も父も松本古墳群の丘に立ちながら顔を見合わせた。

松本古墳群を見たその足で、道を下りて、幼いころは一宮とも言っていた三屋《みとや》神社の見学に移った。子供のころに何度か来たこの神社は、何のへんてつもない全国どこにでもあるようなたたずまいの神社だった。

父が講演でもふれていたように、『古代日本正史』の著者、原田常治氏がこの三屋神社についての研究を発表して、父を勇気づけていた。その原田常治氏の説明は次のようなものだった。

「この親子二代、大国主命、伊比志都幣命の二人が住んでいたのが、島根県の三刀屋町である。それが、なぜ現在まで判明しなかったのか。

これはいろいろの理由があったが、ほんとうの原因は、日本書紀、古事記が歪めて日本歴史を創作したため、大国主命が亡くなってから五百年も経った元正天皇の七一六年（古事記ができて四年目）、今の出雲大社をつくって実際に大国主の住んで政治をした跡に奉った御門屋《みとや》神社を抹殺して、出雲大社を宣伝したためである。……（略）……出雲大社を造ったため、実際に大国主命が政治をした跡に奉られた『御門屋神社』が邪魔になるため、何とかこれを抹殺しようといろいろな手段が講じられた。御門屋神社を三屋神社にしたり、御門屋を三刀屋と書きなおさせたり、現在ある三刀屋町も昔は御門屋町と書いたであろう。……（略）……私が出雲中を捜してもなかなか大国主命の住んだ跡がみつからなかった。……（略）……何とかしてみつけようと思って調べていくうちに、不思議なものをみつけた。三刀屋町にある『三屋神社』の祭神というところに『十月十九日』と書いてあった。世の中でこんな神様はいるはずはない。誰かをここに奉ってあったのを、こんな十月十九日にすりかえたに違いない。

一体誰がこんな悪い細工をしたのか。不思議に思って調べてみた。ところがこの三屋神社の紋は三重亀甲に剣花菱という紋で、この紋は出雲大社と同じ紋であった。それで、この三屋神社にはもと大国主命が奉られていた、ということがわかった。さらにだんだん調べてみたら、ここが大国主政庁の跡であることが判明した」（一九七六〈昭和五十一〉年十一月八日、山陰中央新報「恵比寿・大黒のふる里三刀屋」より）というものであった。

原田氏はここで父のように御門をミカドと読んでいるわけではないが、ずばり三屋《みとや》神社はオオクニヌシノミコトが住んでいた政庁の跡であると判定している。

三刀屋こそがオオクニヌシノミコトが政治をした政庁のあった所だと主張するとなると、ヤマト政権の手で建てられた出雲大社は何であるかを、それ以前の古代出雲史を説明しなければならない。出雲大社はヤマトと直結した存在であるがゆえに、はたしてそれ以前の出雲開拓時代の歴史を語れるのだろうか。ヤマト政権が出雲族の存在と抵抗の歴史を消しておきたいと考えるのは当然の事だったともいえるであろう。

三刀屋は出雲大社の「鳥居」があったところだと後の者が説明しておきたかった理由は、出雲抵抗史が露見しないようにする「記・紀」路線肯定のための工作であったというわけである（出雲大社と三屋神社は二〇キロも離れている）。

オオクニヌシノミコトが亡くなった時期は、西暦二百年ころ（原田説二一五年ころ）とされ、原田氏によると墓は九州日向《ひゅうが》にあるともいう。三屋神社の裏手の松本一号墳の主が、オオクニヌシノミコトの正妻、須世理毘売《すせりびめ》だとすると、墓の年代が三五〇年ごろであるから、夫との間の年齢が離れすぎている。父親のスサノオノミコトが活躍した年代が西暦元年ころとすると、さらに無理がある（原田説ではスサノオの死は一八五年ごろとしている）。

オオクニヌシノミコトと須世理毘売の間には、三人の子があったからその次の次の世代の人物なのかもしれない。

松本一号墳の主は、鏡・ガラス玉・針の束・小刀などの副葬品が出土したことから有力な女王のものではないかといわれており、須世理毘売のお墓とする説も根強く残っている。三刀屋神社がオオクニヌシノミコトの神社であることを示す証拠として、原田氏もあげている点がある。三屋神社が建て替えの折に書かれた、棟札の裏に「誠恭当社者素盞嗚尊之御子大己貴命天下惣廟神明也云々　延喜二年（壬戌、九〇二）」と記されているのがそれである。

大己貴命とは、オオクニヌシノミコトの別名である（別名は他に大穴牟遅《おおなむち》、葦原色許男《あしはらしこお》、八千矛《やちほこ》、宇都志国玉《うつしくにたま》の名前がある）。

当の三屋神社は、自らの存在をどのように説明しているのであろう。神社前の告知板には次のように書かれていた。

〈由緒略記〉

当社は島根県飯石郡三刀屋町字給下宮谷に鎮座の式内社であり出雲風土記に御門屋社として神祇官に在りと記された古社である。古来から郡内の筆頭に置かれ上下の崇敬を受け累代の祠官は常に幣頭を務めてきた家柄である。

社号の由来は所造天下大神大穴持命が八十神を出雲の青垣山の内に置かしと詔ふて追ひはらひ給ふてから此地に宮居を定め国土御経営の端緒を御開きになった。

その御魂が高天原に神留りましてから後出雲国造の祖先の出雲臣や神門臣等が此地に大神の御陵を営みまた神社を創建してその御神地を定め神戸を置いて大神の宮の御料を調達することになったので社号を大神の宮垣の御門とその神戸とに因んで御門屋社と号けたものである。

出雲国内に於いて大神の神地と神戸が風土記撰上当時に置かれた場所はこの地のみで他に一ヶ所も無いのみならず神の御門と神戸を社号とした神社が全国に他には一社もないことは特記に値することであり此の地が出雲文化の発祥の地であることは明らかであ

る。（宮司　三戸恭宥）

この三屋神社周辺のたたずまいと、その眺めを父はしきりに自慢するのであった。八十歳を超えていた父は、この夏の日の遺跡里めぐりに終始正装した姿であった。夏のスーツに蝶ネクタイ、白いハットをかぶり、スサノオノミコトとオオクニヌシノミコトが活躍した古き大地に立ち、その神社と遺跡をまわった。

古代出雲史の舞台は「神話」に甘んじて「実相の追跡」がないがしろにされてきたと、私達は思ってきた。だから「事実」の手掛かりを得るには実際にその場に立つことが必要であった。

講演会と父や息子との三人のちょっと嬉しい五日間の里帰り旅行を無事に終え、私たちはまた東京の日常生活にもどった。

現地を訪ねて出雲王朝について一歩踏み込んだ経験をした私は、「出雲王朝研究会」という同人の会を東京でつくることにした。会をつくるにあたっての考え方の基本は、父・樋口喜徳の説に軸足をおきながら、さまざまな角度から研究者の視点を入れて、古代出雲史を「神話」から解放して実話として検証し直し、リアリティーのあるものにしていくことであった。

私は、週刊誌の記者として日常的な事実を取材し記録することを身につけていたし、「花岡事件」という歴史に埋もれた国家犯罪の調査の困難さを身をもって経験していたので、その経験と手法を活かすことができると思った。

歴史をさぐるには、大胆な想像力をもち、精密に事実を追いあげ、その上で動機となるものをさぐりあてて実証していくことが必要だと考えていた。

古代出雲史を研究されてきた人物で、父の説に理解を示す人からまず話を聞いていこうと、出雲の八雲村出身の著述家安達巖氏を研究会にお招きした。

安達氏は学校教師から団体役員を経て古代史『出雲朝廷は実在した』（新泉社、一九九六年）を著した著作家で、父とは古くからの知り合いであった。明治生まれの安達氏は私達の有力な理解者だったのでまず話をうかがうことにした。

彼の主張は、〝出雲族が天孫族に国を譲る話が「古事記」にあるのは、譲るべき国つまりは出雲が大和に先行して存在したことを示す何よりの証拠だ〟というものであった。

また、〝「出雲国風土記」の中に、大穴持命《おおなもちのみこと》が越の八口《やくち》をたいらげての帰途、母里《もり》の郷の長江山で「わが造りまして命《し》らす国は皇御孫命《すめみまのみこと》に平らけくみ世知らせと依さしまつらむ。但し八雲立つ出雲の国は、わが静まります国と、青垣山廻らしたまいて玉珍《たま》置きたまいて守らむ」と語ったとあるが、出雲王朝はたんに出雲地区だけではなく北九州や大和地区など西日本全域にまたがった大きい国でありこれを治めていた。

また、大国主命（大穴持命のこと）は大和に自分が居たことも認めており、妻のスセリヒメは大和にしばらく常駐するために出雲を出立する主人を悲しんだ歌を残している。これも大国主命が広範な地域を治めていたことを示している証拠である……〟としている。安達氏は、その後、何冊も本を著して繰り返し出雲王朝の実在を主張されていた。

私は東京にいる出雲の出身者になるべく声をかけて会への参加をよびかけ、その輪をしだいに広げていこうと考えていた。父も私が請け負っていた経済誌のコラムをつかって出雲王朝史観を書いていった。

私は、父から受け継いでいた「花岡事件」の企業平和交渉がようやく解決するめどがついてきたので、これから古代出雲史の研究に入れると思って文献を少しずつ読みはじめていた。ところが、わがライフワーク「花岡事件」の対企業平和交渉の方が新しく参加した支援者の横車によってとんでもない事態に陥っていったのである。

消された現代史

事柄が複雑なのでできるだけ簡明にふれておくが、心血を注いで取り組んできた対企業平和交渉解決への道程が、土壇場で暗雲漂う事態に陥ったのである。

「花岡事件」というのは先にも少しふれておいたが、日中戦争から一九四一（昭和十六）年太平洋戦争（大東亜戦争）に突入していった日本が、無理に無理を重ねて後退していた時期（一九四五年七月一日）に起きた事件だった。若者を兵士として海外に派遣して戦局を拡大させたことにより、日本の国内産業は、人員と物資の不足を招いて深刻な事態になっていた。その穴埋めとして戦地である中国の華北地区から四万人の中国人を日本の国内に連行して働かせるというプランを実施した。「花岡事件」は秋田鉱山の下請けとして土木工事をしていた鹿島組で起こった事件で、鹿島組で使用されていた中国人が、飢えと労働環境の悪化に抗して、一九四五年七月一日の夜、いっせいに抗議の蜂起をしたのであった。しかし、この言論統制下で発生していた事件は、連合国軍総司令部（ＧＨＱ）のＢＣ級横浜裁判による有罪判決でも、さらに後の民間調査によっても、不明な点が多く真相が解明されたとはいえなかった。私が取材して判明したことも多く、中国人が被った悲惨な事件の「償い」は実施されておらず、〝消された歴史〟になっていたのである。

私はこれはひどい事実隠しだと思い、なぜ戦後の平和運動はこれを解決してこなかったのかと激しい憤りを感じた。批判しているだけでは埒があかないし、平和運動は実践することであると思い、私は直接、企業および日本政府へ問題の解決をはかるようにと、被害者の代理人となり、交渉に入っていったのである。

私は調査し入手した資料を使い、事実の裏付けを深め、説得をくり返し、「償いを求める平和交渉」は、加害企業が「平和基金に参加する方式が最善だ」と認識するまでにいたっていたのである。

一九八四年二月十七日より開始したこの〝加害〟の側にある企業との交渉は、相手側が、私に「平和基金」への参加を口にするようになって前進していたのだ。話し合いはさらに進み、決着の道筋として金額を示すようにまでなってきていた。私は、示された金額の性格について法律的に詰めておく必要があると考え、弁護士二人に、「償い」の具体化に向けて話を実らせてくれるように促し、私が交渉相手としてきた担当法務部長に引き合わせた。私は、私が進めている平和交渉が、ルポライターによる企業恐喝などと誤解されてはならないと考えた。だから具体的な金額が出た以上、弁護士の立会いのもとで法的に実現しなければならないと考えていた。そこで、事前打ち合わせを重ねた上で、企業本社へ弁護士二人を連れて行った。

ところが二人の弁護士は、その金額を具体化させる話を詰めきれなかった。私が進めてきた平和交渉は、一九七二年の「日中共同声明」と一九七八年の「日中平和友好条約」における「戦争賠償を放棄し日中友好を国策とする両国の約束」を前提にしたものだったから、〝戦争賠償金を企業から勝ち取る〟という対決センスを持ち込むものではなかった。

しかし、裁判所で争うことしかできない二人の弁護士は、私の話し合い平和交渉の思想を実現化できず、「平和基金」へ資金を拠出するという道筋を具体化させる力量を持ってはいなかったのである。

彼らは「花岡事件」を抗日・反日「戦争賠償要求運動」に仕立て直そうとし、私の存在を消すことに腐心した。政治的圧力を策して、「戦争賠償を求める」かのように飾って、何も知らない人を集めて騒ぎ立てようとした。私の話し合い平和交渉を実らせるのではなく、民事裁判に持ち込んで、反対運動を煽る手法へとシフトさせたのである。「花岡事件」を「戦争賠償要求運動」に仕立て直すことは、当初からできないことと国際法上はわかっていたことであった。なぜなら先にもふれたように、企業と私は「日中共同声明」（一九七二年）と「日中平和友好条約」（一九七八年）による日中の信頼関係を前提にしての企業平和交渉であることを、確認していたからだ。

ところが二人の弁護士は私の知らないところで、私の知らない中国本土の被害者を北京に集めて、代理人契約を交わし、日本の企業を非難する反日支援団体をつくって戦争賠償金を求めさせるというやり方をとってしまったのである。

話し合いで解決するしかないと主張する私を排除し、私が積み重ねてきた活動を排撃し、事実を知らない人を集めて交渉の主導権を私から奪う方法として〝裁判所〟へ持ち込んでしまった。

私の平和交渉は、すんでのところで潰されかかったのである。私の長年の活動はにわかにかき曇り、暗雲の中に立たされた。

魅力的な古代出雲史研究への傾倒は許されぬ状態になってしまったのである。

彼らが支援団体をつくることで、ほとんどの人が知らず、知らされてこなかった四万人にもおよぶ中国人強制連行の史的事実「花岡事件」に、関心を持つ人が少しずつあらわれてくるようになったことは、歓迎すべきことであった。だが、政治主義への偏向によって、交渉自体が成り立たなくされていくことは、なんとしても阻止しなければならなかった。彼らの政治的な手法に私は賛成することはできなかった。

「花岡事件」の被害者の中にも私の平和交渉主義には参加せず、対決手法のほうに従う人があらわれ、交渉の窓口は、私と二人の弁護士側グループと二手になった。

分裂が持ち込まれてしまったのだ。私は私とともに交渉してきた中国人被害者とあらためて組織を立て直し、新たに交渉弁護士を立てて、交渉を分裂させた弁護士二人を忌避し、ふたたび企業との平和交渉を再開した。

しかし、政治的運動をしない私たちは、どんどん少数派へと押し込められ、突如として中国国内にあらわれた「民間賠償請求政治運動」（米国在住の中国人を軸にした香港・台湾の華僑連合体）に押しつぶされそうになった。私は防戦にそのエネルギーの大半をつぎこまねばならなくなった。

読者のみなさんには、いま説明しているこの事柄は何のことをいっているのか、にわかにはわかりにくいことと思う。私のやってきたことは知られざる歴史の事実であった「花岡事件」を、社会的認知を得て、正しい結末を付けさせるという活動であり、歴史の事実が政治的思惑で消されていくのを放置できないのだいうことで、私はふんばってきた。それは本書の目的、消えた古代出雲史を掘りおこそうとすることと重なると思うのだ。

かつて日本はその民族形成期に、ユーラシア大陸から波状的に到着した中国、朝鮮文化を大いに受け入れて発展した歴史を持っていた。

現代の「花岡事件」は、日本政府の閣議決定による半世紀前の大東亜戦争下でのできごとであった。日本の基幹産業への中国人参加をもくろんだプランナーがおり、その実行者がいた。中国に親日派政権が樹立した機をとらえて華北地区から、四万人の中国人を連れてきて、戦況を好転させようとはかった政策を実施した者がいたのである。この恐ろしい政策立案者の頭の中には、地勢学としての極東の命運を左右する考えがあったのだ。だからこそ私はこの事件の後始末が、きちっとされていないことに義憤を感じて奔走してきたのだ。古代出雲史の隠蔽工作とどこかで繋がりのあるできごとである。

父は相次ぐ選挙に敗れて東京へ移った当時、東京で中国人強制連行「花岡事件」の慰霊式（一九五三〈昭和二十八〉年）の執行部に名を連ねて活動していた経緯をもっていた。だから私は私自身が「花岡事件」調査を開始する初期段階（一九七一年）で、存命だった壬《み》生照順《ぶしょうじゅん》師等当時の関係者に会うことができたのだ。私は、父に教えられてはじめてこの事件を知ったわけだが、古代出雲史もまた、消された〝日中戦争〟という現代史の延長上にあるのだということを認識しておきたいのだ。

父が、古代出雲史について明確な史観を持っていることに触発され、それに導かれて私も古代史探求に進もうとしていたわけだが、肝心のライフワークが歪められ、平和交渉が妨害を受ける事態に陥っているのに、それの解決への道を横において先に行くわけにはいかなくなった。

ルポライターである私に「花岡事件」を知らしめたのは、ほかならぬ父・樋口喜徳であったことについて、ここでもう少しくわしくふれておきたい。

父が郷里三刀屋を離れ、上京したのは一九五三（昭和二十八）年のことだった。父は島根県の社会党書記長等を歴任していたので、しばしば上京する機会があり、東京での党務もこなしていた時期があった。

父の政党での役職の最後は、右派社会党の統制委員であったが、党の役員時代、一九五〇（昭和二十五）年以降、次第に党内にも伝わってくるようになった「花岡事件」に党員としてかかわるようになった。父は劉智渠《りゅうちきょう》口述の体験記『花岡事件』（一九五一年刊）の刊行を通じて、この事件の事後処理にかかわるようになったのである。具体的なかかわりは、一九五三年、「中国人俘虜殉難者慰霊実行委員会」の結成と浅草寺での慰霊祭の実施に、事務方として参加したことだった。

慰霊実行委員会の委員長は、真宗大谷派の僧で、参議院議員だった大谷瑩潤《えいじゅん》氏で、事務局長が浅草のなつめ寺の住職菅原恵慶氏であった。父は、四月一日に行われた慰霊式と会の活動（遺骨を調査し、中国へ送還する事業）の費用を集めようと奔走した執行部の一員であり、父と共に寄付集めの中心的な活動をしていた人が壬生照順僧や中山理々氏等だった。

「中国人俘虜殉難者慰霊実行委員会」の活動は、中国人の遺骨を中国へ送還するというもので、一九五三年の第一次を最初に、九次にわたって民間の手で送還を行ったのだが、対中国関係の指導権をめぐって社会党と共産党が激しく対立をくり返し、正統性ウンヌンをめぐって内ゲバ事件（善隣会館事件等）を起こし、一九六四年を最後に遺骨の送還活動は中途で消えていた。右派社会党の中央委員として組織活動をしていた父は、初期よりあった共産党との軋轢を嫌って、早々に離れていったそうである。

私がまったく知らなかった「中国人強制連行の事実」を知るきっかけは、この父が一冊の手記、劉智渠口述の『花岡事件』を渡してくれたことによるのである。一九七〇年から駆け出しのルポライターとなって、日中戦争の負の歴史を特集する総合雑誌の特別取材班の一員だった私に、父は〝こんなこともあったんだぞ〟と教えてくれた。

私はこの一冊の本を手がかりにして、新人ルポライターとして現地花岡に飛び、不明になっていた「花岡事件」を追跡したのである。取材して得た内容を雑誌に発表し、さらに単行本『中国人強制連行の記録―花岡暴動を中心に』(太平出版社刊)を一九七三年に刊行した。

日本政府の閣議決定で大企業が戦争に協力する形でなされた「四万人中国人強制連行」は日本の国策事業だった。責任は日本政府と参加企業にあることは明確であった。しかし、戦後深化する東西冷戦構造の中で根本的な解決は先送りされ、民間団体による犠牲者の遺骨の送還事業は中途半端なまま消え、その後は事実さえなかったようになっていたのである。

私が、中国人被害者たちに要請されて、企業との平和交渉に入ったのは一九八四年二月十七日のことであったが、それもまた父が承知の事であった。父・樋口喜徳は私に「花岡事件」と「古代出雲史」という二つの契機を与えていたのである。

私は、「花岡事件」の解決を目前にして妨害を受けたために、古代出雲史の研究に入り込めず、その機運は一気に遠のいた。しかし一方、わが故郷出雲では、講演会をきっかけにその関心はつながっており前進がはかられていた。少しずつ古代出雲史への関心が広がりをみせていたのである。

一九九〇（平成二）年四月、島根県と広島県をまたぎ出雲三刀屋を横断する国道54号線イメージアップ委員会は、県内の国道54号線を「出雲神話街道」と命名した。翌一九九一年三月には、三刀屋町商工会は三刀屋町フラワータウン構想のキャッチフレーズとして「神話に薫る花の街みとや」を提唱した。一九九四（平成六）年六月、「神話の森峯寺」条例が制定され、同年第三次三刀屋町統合計画において町の将来像を「神話に薫る花の街」と決定したのである。

その翌年の一九九五年四月、現在三刀屋で古代史に深い関心を持つ、元三刀屋高校長・

景山繁光先生は、「古事記」、「日本書紀」、「出雲国風土記」をベースとして、三屋神社由緒、地元伝承、参考文献、辞書、事典などを引用し、整合性を重視して、合理的に考証し、『古代のロマン三刀屋神話―大国主命の伝承』と題し、小冊をまとめていた。

その大要は、

「大国主命は、スサノオとクシナダヒメの御子として熊谷郷《くまたにのさと》（元は三刀屋町、現在は木次町の熊谷の地）に生まれた。

さまざまな迫害や試練を乗り越え、スセリヒメを正妻として迎えた。

そして三屋郷《みとやのさと》（現在の三刀屋町給下、三屋神社の地）に宮居（御門屋《みとや》）を建てて住み、ここを根拠地としてスサノオの跡目を継ぎ、出雲の国造りをはじめた。

まず、出雲の中山間部（現在の雲南三郡周辺。南出雲）を手中に収め、各地をめぐって国造りをした後、海岸部に進出し、出雲の国を造り統治した」

というものである。

次いで、一九九六年三月、「神話に薫る花の街」景観づくり委員会は、三刀屋町景観形成基本計画策定にあたり、三刀屋町を「大国主神話ロマンの里」と位置づけ、イメージキャラクターを「みとや・みことくん」（大国主命）と決定し、町おこしのＰＲビデオ「花香る神話の里」を製作した。

これは、ロマンに富んだカルチャーヒーロー（文化的英雄）である大国主命が三刀屋を根拠として出雲の国造りの端緒を開き、三刀屋町がその祭政、経済、文化の発祥地であったという三刀屋神話によって「雲南の中核拠点としてたくましく伸びる三刀屋町」をアピールするものである。

さらに同年、荒神谷の大量銅剣に次ぐ大発見があった。大原郡加茂町の山中で農道工事中偶然に一カ所から日本最多の三十九個の銅鐸が発掘されたのである。

世紀の大発見があった荒神谷の地から東南に三、四キロの山中からその銅鐸は掘り出されたのである。松本古墳群の台地からは直線にして五キロの地点である。南出雲、雲南地区といわれてきたこの地に、出雲古代文化圏の存在を証明するにはあまりにも動かしがたい証拠の出現であった。

弥生時代、出雲は光り輝く銅剣、銅矛や銅鐸など青銅器の文化が華やかに開いていた。銅剣・銅矛・銅鐸は稲作農耕にかかわる祭器として用いられ、銅剣などは悪霊を追い払う神器として、銅鐸はカミを招く聖音器とされていた。まさに、出雲王朝説は決定的な証拠を得て、俄然、実在の話となってきたのである。

加茂町神原神社古墳（金子博文撮影）

しかし「出雲王朝は三刀屋にあったんだ！」と、故郷三刀屋に熱い思いをいだいてきた父は、一九九四（平成六）年十二月十四日、行年九十歳で亡くなった。

父は、脳溢血で倒れて入院してそのまま四十日後に亡くなったのである。

翌年の雪の正月に私は遺骨を抱いて故郷三刀屋に帰ったのだが、私はまだライフワーク「花岡事件」をまとめきらずにいた。私は歪曲化する者らと格闘中で怒髪天を突く最も悔しい思いに駆られていた最中だった。だから私としては父に、もうちょっと生きていてほしかった。せめて解決の報告を聞かせられるまでは……。

父は、民衆の生活改善をモットーとする財

団法人民生館の理事長の肩書を持ったまま横浜の団地でその生涯を終えた。父は、私の母が一九七二（昭和四十七）年に心不全で亡くなった後、直ぐに後妻さんをもらって横浜に移ってずっと団地生活をしており、東京住まいの私とは、私も活動の拠点としていた東京の文京区本郷一丁目の財団法人民生館で顔を合わせる生活だった。

「花岡事件」の解決の次は「古代出雲史」の創出に向かって出雲文化おこしに取り組もうと夢をふくらませていた私であった。だが、平和交渉が阻害され、二面三面の闘争を継続させなければならず、スーパーマンでもあるまいし、無理が無理をよび、後押ししてくれていた父が亡くなった一年後の同じ月同じ日、倒れて病院へ担ぎ込まれた。小脳の血管が切れたのである。

一カ月後、病院から這うように退院し、後遺症と闘いながら、週刊誌の記者生活を続け「花岡事件」平和解決実現のために、私はなおも気張った。私の平和交渉を支持し、共同して応援してくれていた日中の歴史の証人たちが、この時期相次いでその生涯を終えていった。歴史の証人をむざむざと死なせていく現実を見るのはつらかった。戦争と平和に対する無理解は、言葉にならないものがあった。

民事訴訟に持ち込まれて解決が先延ばしになっていた「花岡事件」は、結局、私が提案

花岡事件で亡くなった中国人の遺骨は信正寺にあった

していた平和基金方式で金銭和解した。

二〇〇〇（平成十二）年十一月二十九日のことで、私はそれが大きく新聞発表されると、その報告をするために墓参した。

「親父終わったよ！」

たったそれだけを言うために、飛行機に乗り出雲三刀屋へトンボがえりしたのである。

失われた十年がそこにあった。

平和基金への五億円献金という形で和解が成立すると、足止めを食っていた私の日中平和活動は再び進展した。直ちに懸案事項を進めるための環境が整ったのだ。

一九九一（平成三）年五月一日に、中国天津市で私が確認していた、二千二百余の中国人の遺骨問題の解決にとりかかった。この遺骨は、日本に連行されて一三五カ所の事業所で亡くなった六八三〇人の遺骨の一部であった。戦後になって平和憲法を持ち日中平和友好を国策とする立場から戦後未処理問題を放置していてはいけないものだった。

私は賛同者を求め呼びかけ、日中共同の平和事業として天津に平和の「祈念堂」を建設して遺骨を永代供養することができるようにしようと働きかけた。

一九七二年の日中国交正常化交渉の時に日本側内閣官房長官として北京会談に参加した二階堂進元副総裁に、日中国交正常化記念「日中平和祈念堂」建設事業準備室初代会長になってもらった。代行には、日本政府の代表として中国人強制連行が歴史的事実であることを認める国会答弁をした柿澤弘治元外務大臣になってもらった。

私は何度も中国に渡り、中国政府の理解も得て平和祈念堂建設事業に関する「協約」を取り交わすところまでこぎ着けた。二〇〇一（平成十三）年九月二十四日、中国天津市でのことであった。

故周恩来総理ゆかりの中国天津水上公園に「日中平和祈念堂」を建設するという日中平和事業計画案は、両政府に理解されたのである。

妨害を受けて立ち往生していたライフワーク「花岡事件」は、日中友好の原点として、未来へ繋がる平和事業として蘇ってきた。企業によって五億円が中国側に振り込まれたことを柿澤元外務大臣と私は、鹿島建設名誉会長石川六郎氏と会って直接確認すると、私は直ちに秋田大館市花岡「信正寺」の中国人犠牲者の供養塔が朽ち果てている問題についても交渉し、その保存改修工事推進に取りかかった。

供養塔のある敷地内に、「花岡事件」の正史を書いた掲示板を建立し、柿澤元外務大臣と中国大使館より参事官が出席し落成式も行った。私の「花岡事件」平和交渉は結論を得るにいたったのである。

ようやくさえぎるものが除去され、暗雲は晴れ、日中平和の王道が見えてきた。

II

再びの古代出雲

わが一族は鍛冶屋なり

古代出雲王朝の基幹産業は、砂鉄を用いた鉄の生産であったと父は主張しているのだが、自らの経験とわが一族に鍛冶屋につながるルーツがあることも、この主張の奥底に色濃く存在している。

私が「花岡事件・平和交渉の妨害」に対応して忙殺されている時、父は近現代史における日本社会主義の系譜を書いた『「進め社」の時代―大正デモクラシーの明暗』（新泉社、一九九三年）を刊行していた。

大正期の日本プロレタリアの総合雑誌社「進め社」の社員であった父が、極左から極右へとシフトした主宰者福田狂二を軸に日本の社会主義運動の揺籃期を書いたものだった。

父もまた「主義者」と呼ばれ特高警察にマークされ尾行がつく革命思想の危険人物とされ

ていた経歴をもっていた。

日本近代史における社会主義発生史の原点となっている思想雑誌『進め』を主宰していたのは出雲出身の福田狂二であった、父はその門下生として雑誌社の青年社員だったのである。

当初の日本社会主義はまだ確定した一つの政党運動にはなりきっていないきわめて幅ひろい右から左まで人道主義を包含したものであった。ロシア革命（一九一七年）がバラ色に見えていた時期で、その影響を受けて一九二〇（大正九）年、日本に日本社会主義同盟の創立が準備された。その初代代表が読売新聞政治部長大庭柯公《おおばかこう》だった。彼は、世界ではじめて成功した人民の楽園の地、ロシア・ソヴィエットで開催されることになったコミンテルン大会に日本代表として参加した。

ところが大庭氏はスパイ容疑をうけて捕らわれの身になったのである。ソヴィエット権力内部の思想闘争が日本の社会主義運動に持ち込まれ分裂が起こり、これに日本の権力が介入したもので、社会主義者と権力者の闘争がエスカレートして、派閥の潰しあいを呈していく。

社会主義宣伝雑誌として創刊された『進め』は、闇に葬られたままの大庭柯公問題を唯一取り上げて、社会主義思想の拡大をはかっていくというものだった。

ここで、この〝主義者〟時代の父の話をするのは他でもない、出雲は現代にあっても、朝鮮との深い繋がりがあるという点にふれておきたいからである。

大阪で一万部も発行していた雑誌『進め』は、『解放朝鮮』という雑誌も発行し、朝鮮人の活動家も読者に引きつけていた。この社会主義の思想宣伝誌は、朝鮮からも、中国からも、ニュースを取り入れ、国際的労働誌の役目も果たしていた。「進め社」の北京支局長は、これも出雲出身者の鈴江言一《げんいち》（一八九四〈明治二十七〉年三刀屋町多久和生まれ、一九四五〈昭和二十〉年中国共産党運動に参加し、『中国解放闘争史』『中国革命の階級対立』『孫文伝』の著者）で、中国名「王子言」を名乗り、北京、天津で燃え上がった中国革命勢力の労働運動を子細に報告していた。

〝主義者〟としてマークされていた父だったが〝青年樋口某〟は意気軒昂で、朝鮮人の同志に助けられて朝鮮半島からロシアへ、そしてモスクワへの旅を計画し、実行に移すのである。問題はその道順である。

「私の計画ではね、山陰道を西へ鳥取の境港《さかいみなと》までいけば、隠岐の西郷港まで毎日定期船が出る。朝鮮まで漁船で行き、朝鮮人同志の案内でロシアのチタまで行く」というものだった。

なんとその道はスサノオノミコトの古代交易のルートではないか。父は実際に米子まで革命歌を高唱して雑誌『進め』を売りながら行商し、船に乗る直前に官憲に逮捕されてしまう。

拘留された父は、新聞社の局長に助け出された。身柄をもらい受けに来たその局長の説得で、モスクワ行きは取り止めるのだが、中国人、朝鮮人同志の支援を受けて、ロシア革命の理想国をめざしたそのルートは、古代出雲を発展させた文明伝達の朝鮮ルートでもあった。

樋口喜徳著『「進め社」の時代』
（新泉社、1993 年）

大正デモクラシー時代の話を回想して自らの青年のころを書き下ろした本を刊行した父は、その翌年亡くなったのだが、ワープロを駆使して新たに書き終えていたもう一つの原稿を遺していた。

それは「出雲王朝説」を書いたもので、故郷に対する思いのたけを書きつづったふると論文であった。

父はこの原稿の中で、鍛冶屋《かじや》に繋がるわが一族について描いている。祖父条五郎《くめごろう》の母親、天保年間に生まれた曾祖母の実家は、大原郡大東町《だいとうちょう》にあって、橋本鍛冶屋と呼ばれた大家だった。大東町は、この出雲地区でも鍛冶屋の最も盛んなところであった。大東で見つかった古墳からは、鉄製の副葬品がたくさん出土しており、古代から鍛冶屋の多いところである。また、条五郎の嫁に来た私の祖母コソも、実家は脱穀用の千歯《せんば》を専門に作る大鍛冶屋であった。

条五郎祖父の弟の尾崎お祖父さんも、三刀屋町で鍛冶屋を営む鍛冶師で、私が尾崎の叔父さんと呼んでいたその息子忠雄さんも、生涯の鍛冶師で私もよく覚えていた。私の祖母の弟、わたるお祖父さんも鍛冶屋であった。

この人は隣町の木次《きすき》に住んでいた。私もおぼろげに知っている。このわたるお祖父さんは、軍隊に入っている時に、鍛冶屋の腕をかわれて銃の修理をまかされていたが、銃挺がはじけて右目を失明していた。だからいつも眼帯をかけていた。このわたるお祖父さんは、斐伊川や三刀屋川で鯉を手摑みする魚獲りの名人で、川辺を住処《すみか》にする漂泊の民である出雲サンカ（山窩）の嫁入りの宴に招かれたというエピソードを持つ人で、生活の達人だったそうである。

出雲地方の砂鉄業は、近代になると洋鉄《ようてつ》の輸入で産業として成り立たなくなり、消えていったが、先の戦争の長期化で鉄資源の不足が発生し、砂鉄業が再び必要になりだし、たたら製鉄が復活するようになった。

除隊後、砂鉄の産地である斐伊川を知りつくしているわたるお祖父さんは、川の砂鉄を採取するようになり、斐伊川の里熊《さとくま》橋付近で一日に一トンもの砂鉄を採取したという砂鉄採りの名人となった。わたるお祖父さんは終戦直後まで、簸川郡の久村鉱山で砂鉄採取の責任者になっていたという。

このわたるお祖父さんの息子となっていた悦良《えつろう》叔父さん（父の弟）は、砂鉄を扱い世界的に良質な鋼鉄をつくり出す安来《やすぎ》の日立金属に勤務した経歴をもっていた。末の弟の弘志叔父さんもまた、大原郡のモリブデン鉱山に、大阪の電気学校で資格をとった電気工として勤務していたことがある。わが親類の多くは、出雲の鉄産業とかかわっていたのである。「進め社」がなくなった後、父は、大阪で荒物業界の雑誌社をやっていたが、そのとき共立合金鉄株式会社を興していた。ズバリ、鉄の研究にかかわりを持っていたのである。

その鉄の会社で、父が手に入れなければならなかったのはバナジウムだった。バナジウムとは希元素で、工具鋼、高速度鋼などに使う灰色の堅い金属元素で、自然の鉄鉱石から出る成分であった。分析をくり返すうち、バナジウムは砂鉄にも多く含まれていることがわかった。で、父は郷里の鍛冶屋の親族をたよって大阪から戻って来ては、バナジウムの粒子を取り出す技術者をさがし求めた。たたら産業によって大量に出る鉄滓《かなくそ》の中に、バナジウムが含まれていることもわかり、事業化する目処が立つところまでこぎつけていた。

全国的に最も良質な砂鉄を産出するのは出雲の砂鉄だったから、砂鉄の分析抽出術も出雲では発達していた。

近代に入り、洋鉄産業に移行する過程で、出雲の砂鉄産業は次第にその姿を消していったわけだが、まだ昭和初期までは出雲には、日本刀の原材料である鋼鉄を求める砂鉄産業は残っていた。父はバナジウムを求めてこれを事業化するため大阪から故郷出雲へ何度も通い、ついに木次の砂鉄工場の技師長西田賀次島氏を見つけ出し、彼から分析術を見習った。そして昭和十四年十二月、出雲から西田氏を大阪に呼び、砂鉄精錬がすんで捨てられていた出雲の鉄滓を大阪に持ち込んで、これを砕き、必要なバナジウムを抽出する事業を開始することにしたのである。鉄滓には、バナジウムだけではなく他にチタニウム、マンガン、燐、珪素などが含まれ種々の金属の材料にもなるのだった。

生産ラインにのせる目処もつき、事業はいよいよスタートというところで、日本のすべての基幹産業が戦争体制により国有化され、国家統制経済に移行する時代となった。特殊金属を扱うこの民間企業はその直前で廃業となってしまった。戦争のために民間の中小企業はすべて国家に統制され、統合されていったのである。

度のきつい眼鏡をかけていた父は、はじめは兵役をまぬがれていたが、その父へも召集令状が届き、妻子持ちの「国民兵」として海軍に入隊した。任地は鹿児島の特攻隊基地であった。父は若いゼロ戦特攻隊員たちを見送った体験を持っていた。

復員して郷里に戻る時、広島駅から下車してバスに乗り換えて山を越えて出雲へ向かうわけだが、広島駅のプラットホームから原爆投下で焼け野原となった広島の光景を見ている（樋口喜徳著『あゝ国民兵―われら帝国海軍最後の召集兵』原書房、一九七五年刊にくわしい）。

国民総動員の大戦争（第二次世界大戦）は大きな犠牲を出してようやく終わった。

大阪から郷里に一家をあげて移り住んでいた樋口家は、出雲三刀屋を拠点として新しい生活をはじめる。

東京、大阪をはじめ、日本中の都市は米軍機による空襲によって破壊され、多くの人が田舎へ移り住んで、日本中の田舎はふくれあがり、出雲三刀屋も大勢の都会人が郷里をめざしてふくれあがっていた。父は、両親と妻と四人の子供と妹や弟たちと共に、わずかな田畑を耕作しながら農民政治運動をはじめる。戦前の社会主義者としての活動歴を知る郷里の友人知人との交流が復活して、敗戦後の日本の復興をテーマに郷里での政治運動を開始する。それは新しい国民をどう創造していくかという運動なのだが、親類縁者とその民衆の生活の成り立ちをどうするか、その具体的なプランを示す必要があった。

農民運動に軸足をおいてそこに理想をこめようとしたこの時期の父・樋口喜徳の思想には、戦前に培っていた思想家たちの理念を実践に移すという夢があった。その詩人のような夢は日本が敗戦し、廃墟から立ち上がらざるをえない現実を前にして、夢は夢でなく具体的な指針となったのである。都市の下層労働者の解放をめざすという社会主義者としての理念を、田舎に流れ込んでまず食べねばならない無産の人々を〝自営する農民〟へと導くことを政治目標にしたのである。父は農民組合を設立する運動に奔走し、自らも新しく三刀屋川の河川敷に畑を耕したり、山(麓)の段々畑を開墾したり、三刀屋川を魚の獲れる養魚の川にしようと漁業組合もつくった。自らが育った山と川を生産拠点として、戦地から戻り都会から戻った若者を動員して新しい社会をつくろうと奔走したのである。それが相次ぐ国政選挙へ打って出るという政治家としての姿勢であった。

家の中には絶えず近在の人々が出入りして、運動員が何人も一緒に住んでいたということが、私のおぼろげな記憶の中に残っているのは、そこに現実味をおびた農民運動の活動の場があったからなのだろうと思う。

父が古代出雲族はどのように繁栄していたろうかと考え抜いていただろうことは、この時の農民運動のかかわり方でうなずけるように思う。古代出雲族の中心的産業がたたら製鉄と農業と交易にあり、弥生時代、出雲が日本の先進産業地域として、大陸から大きな影響を受けていたがゆえに繁栄していたのだという理由もわかっていたであろう。父には親類に鍛冶屋が多かったことや、バナジウムの精錬に奔走した戦前の体験があり、砂鉄を通して古代出雲史を考察することが、社会主義者の理想と重なってリアルなことだったわけである。

島根新聞一九六六（昭和四十一）年八月十七日の紙面に、父は母親の名が〝おコソはん〟という不思議な名だったことを書いて古代を覗《のぞ》いている。

「私の母は数え年二十二歳で三十三歳の父の元に隣町の木次から嫁に入った。明治十六年生まれで昭和二十六年六十九歳で亡くなった。実家は代々の千刃《せんば》鍛冶屋で、母の父は渡部濱之助といったが、七人の子を残して両親とも早く世を去ったので、私は祖父母の顔を知らない。千刃といっても今の若い人には判るまいが、千刃稲扱《いなこき》のことで稲の脱穀機である。足踏み式稲扱を用いていた。砂鉄から採れる良質の和銅、包丁鉄などが仁多郡あたりで生産されていて、それを材料に木次には千刃鍛冶屋が何軒かあり、県内はもちろん遠く九州方面まで行商であきなわれていた。

母の見合い写真でもあったろうか銀杏返《いちょうがえ》しに結った娘の写真が残っている。写真台紙の裏に母の名『渡部社』と書かれている。社を『やしろ』と読むのではない『コソ』と読んで、それが母の名である。……社（コソ）はどういう意味を持った言葉であろうか。伴信友という国学者は『神社を許曾《こそ》という事』といっている。

神社の名称などで日本の古語に比賣許曾《ひめこそ》といえばお姫さまという意味にもなる。朝鮮の歴史に最古の神宮（祖神廟）にまつられた新羅の初代王朴赫居世がある。この居世（コセ）が日本に入って許曾となったもので、わが国には比賣許曾神社などがある。……許曾―居世は朝鮮語では尊称であるという。……」

たしかに故郷出雲・三刀屋にはさまざまな古語がそれこそ無尽蔵に残っている土地である。私自身が使っていた「あだん！」とか「にょうばんこ」「だらずが」「ああだがね」「こうだがね」「さばっとうがね」といったズーズー弁には古代のニオイがプンプンとする。

〝古代日本の文明は新羅の東海岸にある迎日湾から船出した出雲族がもたらしたものである〟と主張する古代出雲史の研究家安達巌氏は、三韓（馬韓・弁韓・辰韓）の時代の馬韓の分国が葦原の中国《なかつくに》の王朝――つまり、三刀屋の出雲王朝であったとまでいっており、韓国人の古代史研究家である朴炳植《パクビョンシク》氏も、出雲に在住して研究を重ねた結果、出雲訛が、古代朝鮮語と重なることを再々指摘してやまない。弥生文化は朝鮮から日本に渡って来たわけだが、具体的には、「言葉」と「鉄」が同胞（ハラカラ）の意識のもとに根づいていったことはまぎれもない事である。

古代において、〝鉄づくり〟が日本列島に伝えられたのは朝鮮半島からだったというのは考古学上の常識となっており、出雲がその最初の日本式鉄を生む地域であったことは疑いのないことである。

しかし、日本における鉄の古代史は、青銅器にくらべて、はるかに判然としていない。最近開かれた新聞社主催の「ヤマトと出雲」の古代シンポジウムにおいても、古代鉄はヤマト政権が出雲に借したものだと発言する学者もいたほどで、日本での鉄生産のはじまりについての大方の古代史研究家の認識は、せいぜい五世紀以降だろうとしている。たとえそれより以前だとしても、加工前の鉄の原料として鉄の塊が輸入されたものであろうとしている。

一方、出雲で鉄生産の技術を教えたのは、スサノオノミコトであるということになっており、有名な「ヤマタノオロチ神話」はその象徴とされてきた。

しかし、ヤマタノオロチ退治によって「草薙《くさなぎ》の剣」(天皇家に伝わる三種の神器の一つ)がオロチの尾から出てきたという神話を考えると、スサノオに征服される側のオロチがスサノオ以前に出雲において鉄族として存在していたことを意味していることになる。スサノオの妻になる稲田姫は、稲がつくられていたことを意味し、オロチの存在は砂鉄による、鉄の生産が豪族たちによって行われていたことを示していることになる。

その点を父に訊ねると、父は、スサノオノミコト以前に、出雲には砂鉄族が存在しており、その証拠となるものが金山比古命《かなやまひこのみこと》の存在だというのである。そして、「素佐男命が出雲に天降る前に、金山比古命が、出雲の西比田に天降り製鉄の祖神となっている。これは、出雲神話となって伝承して今もあり、神社もあり、鉄鋼関係の営業所は今でも金山彦の神を祀っている」とも書き残している。

わが家のルーツが鍛冶屋業に通じていることにふれてきたが、出雲地方で最も有名な鍛冶屋の里は大東町である。大東町に曾祖母の系列があることは先にふれたが、大東はまさに農具生産の中核であり、農村自治制の発達した土地であった。

出雲地方では、砂鉄のことを真金《まがね》と呼称してきた。真砂山を崩して、砂鉄を取り出すことを「山小鉄」（やまこがね）とよび、川に流れ込んだ砂鉄を取ることを「川小鉄」といい、海岸でこれを取るのを「海小鉄」という。

砂鉄にはいろいろな成分が含まれていた。真金（砂鉄）にバナジウムが含まれていることから、父はその抽出鉄鋼業の仕事を手がけて、大阪からたびたび出雲地方に出張したことは何度もふれてきたわけだが、砂鉄の成分と生産工程についてもう少し見ておきたい。

砂鉄は真砂《まさ》（あるいはアサともいう）と赤目《あかめ》（あるいはアコメともいう）の二種類にわけられる。

真砂は見た目にも黒い鈍い光を放ち、磁石によくつく磁鉄鉱分を主としたものである。川の浜で、私達はよく紙に砂を乗せて磁石を下からあてて砂と砂鉄を分けて遊んだが、あれは砂鉄をえり分けていたことになる。真砂は溶解しにくく鋼鉄となり日本刀の原料となるものだった。

赤目は赤茶けていて銑《ずく》となり、溶解しやすい鉄一般の原料となる。

タタラ師の作業は、その原料を見分け、さまざまな種類の鉄を生産していく。踏み鞴《ふいご》（吹子）とよばれる風送り装置によって、火力を加減して鉄の種類を編み出していく。

宮崎駿監督のアニメーション映画「もののけ姫」にタタラの里のシーンが出てくるが、女たちが足で踏んで風を送っているのが鞴装置である。私が幼いころ飽きずに眺めていた尾崎叔父さんの鍛冶屋にも、小型の鞴があり、体半分を掘られた穴に入れて座り、鞴の把手を押したり引いたりしながら、火力を調整し、炭にくべられた真っ赤な鉄を挟んで取り出し、線路のレールのようになった鋼鉄の台上に乗せて、二人がかりで交互にカナヅチを振りおろして叩きながら、形を付けていく。形ができてきたところでジューッと水に鉄を冷して整え、再び火にくべて真っ赤にする。

くり返される作業を私はじっと見ていたものである。

タタラには、カマ（土炉）と溶鉱炉を包む高殿《たかどの》を中心に作業工程がととのえられ、鉄の原材料が塊となって分類されて小屋に保存される。

吉田あたりのタタラ工場から馬の背などに積まれた銑鉄《せんてつ》が、三刀屋川の船着場まで運ば

大正期の三刀屋町全景。左上に三刀屋川が写っている。手前が横町の船着場

れ川船に乗せられて砂の川を下り、斐伊川から宍道湖に出て安来の精練所まで運ばれて、さらに加工される。川船による運搬は三刀屋川の風物詩で、大正時代までつづいていたそうである。

昭和初期のものか、大正末のものか、旧三刀屋の全景を山の上から撮影した古い写真が私の手元に一枚ある。その写真は、三刀屋のさらに奥から馬の背に積まれてきた銑鉄が、横町の船着場で川船に積み替えられ、三刀屋川を下っていく時代の面影を見せているが、船着場の位置がそれとわかるような一葉なのである。砂の流出で、三刀屋川はたびたび大水害をもたらし、氾濫し、現在より川下にあった町並みが高台の川上に移って、旧町は古《ふる》町《まち》とよばれていたが、写真は、銑鉄が船で運ばれて、三刀屋川から斐伊川に合流する里熊《さとくま》橋の方まで写っている。

鍛冶屋につながるわが家のルーツのはるかなる始原の古代出雲が、いかに鉄と深い関係にあったかということを確認しておくために、古代地理史である「出雲国風土記」から鉄についてふれている部分を拾い出して、古代出雲のイメージを深める鍛冶屋の祖について参考としてみたい。

文献「出雲国風土記」に、飯石郡、仁多郡、大原郡の雲南三郡には製鉄などにかかわる記述が多い。この点を古代史研究家瀧音能之《たきおとよしゆき》駒沢大学助教授の指摘を借りてみてみよう。

「飯石郡の条。『波多小川《はたのおがわ》　源は郡家の西南のかた二十四里なる志許斐《しこひ》山より出て、北に流れて須佐川に入る。鉄あり。

飯石小川　源は郡家の正東一十二里なる佐久礼《さくれ》山より出て、北に流れて三刀屋《みとや》川に入る。鉄あり。』とあり、波多小川と飯石小川からは川砂鉄が採取できることが記されている。

次に、仁多郡であるが、仁多郡はをはじめ四つの郷からなっており、これらの郷すべてのこととして、

『以上の諸郷より出すところの鉄、堅くして尤も雑《くさぐさ》の具《もの》を造るに堪ふ。』

とあって、仁多郡全域から砂鉄が産出され、しかもそれが最良の砂鉄であったことが知られる。……（略）。そして、大原郡であるが、ここは産鉄・製鉄記事はみられないながらも、地理的環境を考えるならば、大原郡のうち阿用《あよ》郷・佐世《させ》郷・屋裏《やうち》郷・屋代郷・神原《かむはら》郷といった斐伊川中流域の周辺には製鉄集団の存在を推定できると思われる。……」とし、須佐郷が「スサノオ神が『此の国は、小さき国なれ雖、国処在り』といって、自分の魂を鎮め置いたと伝承が記されており、スサノオ神信仰の拠点であったと考えられる」ことにもふれている。瀧音氏はさらに〝目一つの鬼〟の伝承を紹介している。「天目一箇神《あめまひとつのかみ》は、その神名から一つ目、すなわち単眼の神と考えられる。そして『日本書紀』天孫降臨条の第二の一書《あるふみ》に、『天目一箇神を作金者《かなだくみ》とす』とあり、『古語拾遺《こごしゅうい》』にも、さまざまな刀・斧・鉄の鐸を作ったなどとあることから、天目一箇神は、刀斧や鉄鐸などをつくった製鉄神・鍛冶神ということになっている」と述べてきわめて興味深い。

曾祖母の生れた大東の神原の「御財《みたから》」の件にもふれて、大穴持命（すなわち大国主命）が御財を積み置いた所とされている問題においても、御財は「剣などの武器類を想定できよう」と考察している。

先の飯石郡波多の小川の条に「鉄あり」と書かれているのは「出雲国風土記」だが、

『鉄と俘囚の古代史―蝦夷「征伐」と別所』（彩流社、一九九二年）で著者の柴田弘武氏は「地名大辞典にも波多川中流の大呂も銑鉄の産がありと書かれ、町内全域にわたって四〇箇所以上の鈩跡、かんな流し跡、採鉄遺構があるという。反辺《たんべ》の多倍《たべ》神社は『出雲国風土記』に名があり、剣神社というから、この地の産鉄が古代に遡《さかのぼ》ることは間違いないであろう」と指摘していることも大いに参考になる点だと思う。

隣町の木次《きすき》にいた親類のわたるお祖父さんが一日に一トンもの川砂鉄を採って有名人だったという話を前述したが、一日に一トンの砂鉄をとることは容易なことではなく、砂を木の鋤板《すきいた》でかき混ぜながら重たい鉄分の砂を沈殿させていき、軽い砂は水に流して、砂と真金が半分になったところで、さらに水をかけながら純度の高い砂鉄を選びだしていく。水の中に砂鉄の層を発見するのは熟練の目利きの役で、腕と勘所を心得ていなければできないことであり、たいへん根気のいる仕事であった。

父の話では、三刀屋川の土手の上に、何カ所も砂鉄の山ができていた時期があり、町の有力者であった松尾清三郎氏が鉱区権をもっていて、そこの若い衆が川から掘ってきた真《ま》金《がね》（砂鉄）の山をつくっていたそうである。古来からの砂鉄業は出雲人の身近な仕事であったのだ。

御門と鉄の残映

二〇〇三年一月十八日、叔父夫婦と墓参りを終えた午後、私は出雲の三刀屋町で古代史を研究する元三刀屋高校校長・景山繁光先生の自宅を訪ねた。郷里で〝出雲王朝説〟はどこまで理解されているのか、まず現状を把握しておきたかったのである。

景山先生は三刀屋中学の教師から三刀屋高校の教師になった後、県の学校教育課長、三刀屋高校長、三刀屋町文化協会長などを経て、今は古代史の研究に余念がなかった。

私は、父親が着手しその主張の根拠にしている「出雲国風土記」の飯石郡の条、三刀屋の「御門《みかど》」とある記述を先生はどう解釈し、父の講演後地元でのその後の取り組みはどのようなものかを把握しておくことが肝心だと思った。

景山先生は、父が私と郷里に戻って講演会を開催した時の地元主催者となっていただいていた人物で、父の出雲王朝説はとっくにご存じの見識者であった。父の「出雲王朝説」に関して、先生は現在まで三刀屋には「御門」について五つの説があり、それをまず整理しておきたいと五つの説を順次解説していった。

第一の鳥居説。御門を出雲大社の神門《しんもん》のことと解釈し、御門は今の鳥居にあたるという（加藤義成『修訂　出雲風土記参究』今井書店、一九九二年）。これまで多くが、この説をとっている。『三刀屋町誌』（一九八二年）もこの説をとっている。

第二の神社（宮垣）説。御門とは、神社の所在を示すものと解釈し、神社（宮垣）であるという。つまり、御門とは、三屋神社（主神大国主命）のことであるという（三戸恭宥「三屋神社参拝案内」発行年月日不祥、三屋神社・社務所）。これが三屋神社自身の見解である。

第三の御門（みかど）説。御門を「ミト」と読まないで「ミカド」と辞書通りに読み、ミカドを朝廷のことと解釈し、御門とは、出雲王朝の政庁があったところであるという。いわゆる私の父・樋口喜徳説であり、出雲出身の古代史研究家安達巖氏等もこの説である（樋口喜徳「私説出雲風土記」一九七二年二月十七日、島根新聞文化欄、樋口喜徳「続私説出雲風土記」一九七九年九月十日、山陰中央新報文化欄）。

第四の境界説。御門とは、異域との境界をあらわすものと解釈して、御門は吉備と出雲の境界を示すものであるという（門脇禎二『出雲の古代史』日本放送出版協会、一九七六年・門脇禎二『検証古代の出雲』学習研究社、一九八七年）。

第五の御寝所説。御門とは、御床《みと》、御所《みと》と同じ意味で「み」は敬称、美称の接頭語。「と」は、床《とこ》、所《とこ》の略であると解釈し、御門は、御寝所あるいは御婚姻の場所のことであるという（新村出『辞苑』博文館、一九三五年。金田一京助『辞海』三省堂、一九五四年）。

景山先生自身の解釈はこの五番目の〝婚姻の場所〟という見解に重きをおいていた。先生の小冊『古代のロマン三刀屋神話―大国主命の伝承』もこの説をよりどころの一つとして構成されている。

私はこの五つの説を聞いたあと質問を続けた。「出雲国風土記」に書かれている「御門」をなぜミトと読むことができるのか。ミトと読みながらなぜさらにミトヤと読むのか。ミカド（政庁、王朝）の家屋があったから「出雲国風土記」で「御門《みかど》あり」と書いているのではないか。ところがその言葉のひびきに恐れをなした者があらわれて、御門《みかど》の読み言葉を使用禁止にして、御門《みかど》をみとと読むように指導し、さらに御殿を屋《や》にして当て字にして三刀矢《みとや》、あるいは三刀屋《みとや》を使わせるようになったのではないか。そのような現状に対して、

「出雲国風土記」の作者は正しく「御門《みかど》」があったんだよと「御門《みかど》ここにあり」と正直に書いたのではないか。

「出雲国風土記」が書かれた時代には、三刀屋に政庁があったことを書いておいても問題はなかった。あるいは作者の必死の抵抗があった挙げ句の表記であるかもしれない。この点を今までずっと歪めてきたのは、三刀屋という字に書き改めた勢力の罪であるばかりか、それを質さない出雲人にも罪がある。これが私の意見だった。

景山先生は、三刀屋《みとや》の地名起源の説明として「御門《みかど》」が出てきている。最低言えることは、「三刀屋の里は、カルチャーヒーロー大国主命と深いかかわりのある土地柄であって里人にとって誇るべき神聖な所と認識されていたのではなかろうか。天平五年（七三三）二月三十日にいたり秋鹿《あいか》の全太理《またたり》、国造《くにのみやつこ》の広嶋も、これを認めて出雲国風土記に『御門あり』と撰進したことは間違いのないことであろう」というものであった。

私は、景山先生の意見を聞いて、樋口喜徳説は活きていると意を強くした。〝古代みとや〟は、依然としてただならぬ所である。

蛇足だと思うが、古語辞典は「みかど」に五つの意味があると書いているので紹介しておきたい。①門の敬称、②皇居、③朝廷（君主が政治をとり行う所）、④天皇にたいする尊称、⑤天子が治める国土（旺文社『古語辞典』）。

景山先生から一本のビデオテープをいただいた。三刀屋町のPRビデオだった。

三刀屋川の土手の桜並木は名所であるが、この桜並木のなかに、きわめて珍しい薄緑色の花びらをつける御衣黄《ぎょいこう》という桜がある。この美しい桜の花を町のシンボルカラーにして神話の里とセットにしてPR版としたものだった。オオクニヌシノミコトが三刀屋町の熊《くま》谷《たに》で生まれ、スサノオノミコトの娘スセリヒメと結婚し、一宮に寝所を設けたというストーリーとなっていた。「花香る神話の里」と題したビデオには、郷土史家の役で景山先生の姿があった。三刀屋には、オオクニヌシの活動拠点があったとする主張は確かに活かされていた。


三刀屋に滞在して三日目。私は、自転車を借りて、一宮の給下に向かった。「古代出雲史」の中核をなす「御門説《みかど》」を将来どう活かしていくか……、新たなるスタートを切るために、私は再び「御門」の現場に立ってみることにした。

小学生のころ、通学路となっていた三刀屋大橋を渡った。両岸が整備され護岸による固定化がすすみ、子供のころの砂の川の面影は見えにくくなっていた。私が通っていた木造二階建ての校舎は取り壊され、少し離れた山の中腹に鉄筋校舎となり移転していた。素足で走りまわっていた砂地の校庭は砂利石で固められた駐車場となり、周囲は草も生えて夜来の雨に濡れていた。

小学校前の田園は住宅が並び、アスパルと名のつく大きな文化体育館が建設されて一変《いっぺん》していた。旧小学校の隣には、以前から鐘のある寺があった。松本古墳群の丘はこの寺梅《ばい》窓院《そういん》の所有で、すぐ裏の墓地にいく道は古墳のある台地に続いていた。出雲王朝の研究をする者には重要な場所であったから、きっとこれからは何度も訪れることになるからと、私は高橋住職を訪ねた。健在だった母堂が玄関先に出迎えてくれた。私にはかすかに覚えのあるお顔だった。私は「だんだん」と声が自然に出た、ありがとうという意味の出雲方言である。

ちょうどこの日、寺には寄り合いの行事があり、忙しかったので私は住職に主旨だけを述べて裏山の松本古墳群へとまわった。父とはじめて見て以来の十五年ぶりの再見学であったが、その後、古墳群についての調査はさらに進んでいた。松本古墳群は一号墳から六号墳までが発見され、町の教育委員会の手で、見学コースが整備されてその姿が全部見えるようになっていた。父と一緒に見た時は五十メートルの一号墳と円墳の二つだったが、後に三号墳が計測され、全長五十二メートルもあるヤマト式バチ型古墳が見つかった。全部で六基あるというこの古墳群は考古学者の大いなる関心を誘っているという。

二〇〇〇（平成十二）年三月に建てられた松本三号墳の案内掲示板には、次のように書かれていた。

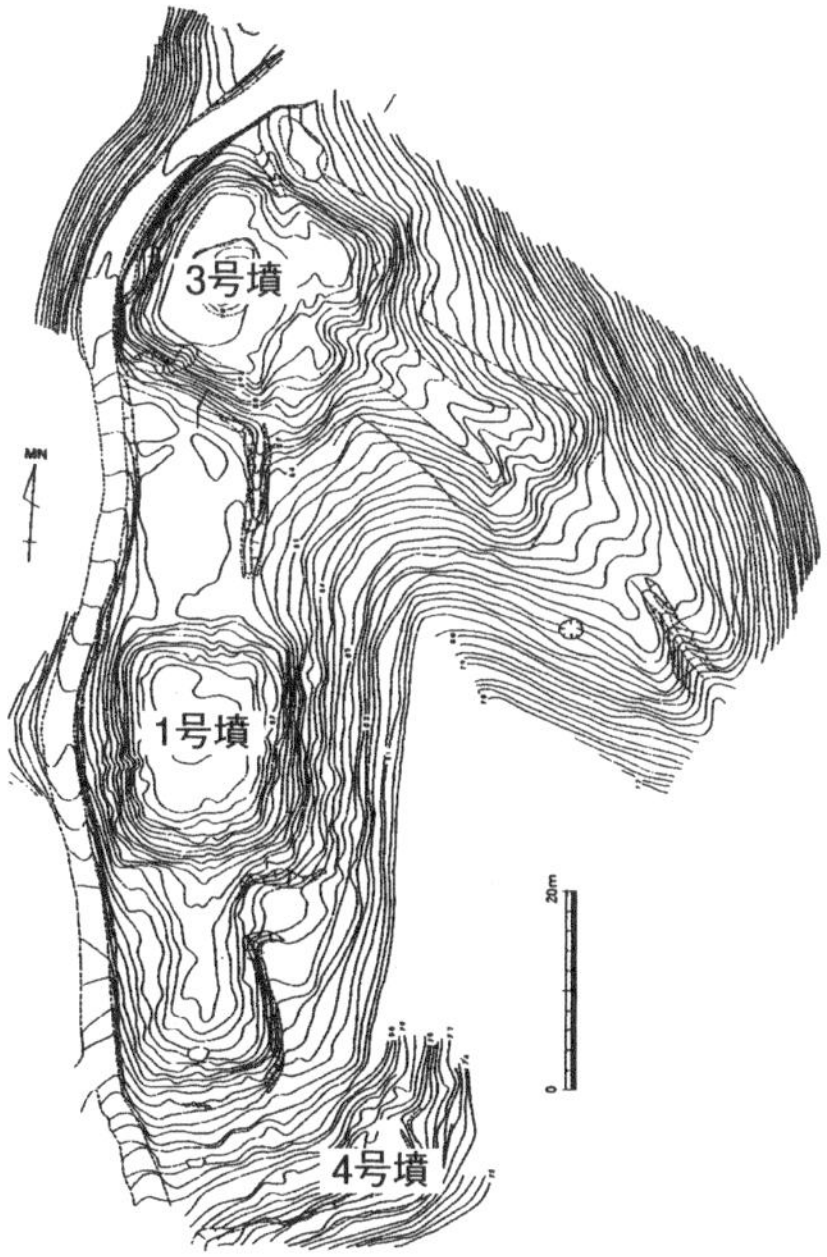

松本古墳群実測図（３号墳は未開）

「この古墳は、全身52mの前方後方墳で、松本古墳群の中では最も高い場所に造られ、最大の規模を持っている。発掘調査が行われていないため、内部施設などは明らかでないが、墳丘の形から県内最古の古墳のひとつと考えられている。三号墳は当初約30mの方墳と考えられていたが、一九八八年に前方後方墳であることが確認され、その後三年間にわたっての測量調査の結果、前方部が低く、バチ形に開くタイプであることが明らかになった。この特徴は日本で最古の古墳とされる奈良県の箸墓古墳と共通しており、注目されることとなった。葺石や埴輪は測量時の詳細な観察によっても確認できず、一号墳と同様当初より存在しない可能性が高い。なお、後方部上には石塔が四基以上確認されており、後世の墓地として利用されている。

古墳時代初めには、出雲で最大の古墳群（造山古墳群、大成古墳）が安来市荒島地区に造られているが、そこには同時期の前方後方墳は認められていない。斐伊川中流域に造られたこの三号墳は一号墳とともに、古墳時代の初期の出雲を語るうえで極めて重要である」（島根県教育委員会・三刀屋町教育委員会）

奈良の箸墓古墳というのは、古代出雲とかかわりあいの深い三輪山の近くにあり、全長約二七八メートルの巨大古墳として有名である。成立は西暦二五〇年ごろで、松本一号墳が三五〇年ごろとされているので、それとは百年のひらきがあるが、同じバチ形古墳であることがきわめて重大な点である。まだ発掘による調査がされていないので三号墳は謎を秘めたままである。

私はこの台地に立った。

この台地から見渡す風景をかつて父は、奈良盆地と似ていると言っていたが、私はその後に見てきていた韓国慶州の盆地と似ていると思った。慶州の山の方が若干高いかとも思ったのだが、その田園風景はなんともよく似ていたのである。

都とするには盆地に限るのであろう。

慶州（慶尚北道）には、韓国人の夫に先立たれた日本人妻たちが、望郷の念にかられながらも、韓国を最後の住処としている老人ホーム「慶州ナザレ園」がありその取材に行ったのである（「女性自身」シリーズ人間、一九八八年九月六日号）。

古代新羅《しらぎ》の首都だった慶州盆地を流れる川と背後の山に霞がたなびく様子がわが三刀屋盆地と似ていたのである。古代新羅と出雲は親戚といえるほどの密接なる関係があった土地であった。雑誌取材の仕事での出張だったとはいえ、父と行った「三刀屋出雲王朝」講演会の一年後の慶州行は感慨深いものがあった。

出雲古代人は、古代中国人、古代朝鮮人の出雲への渡来を当然のように受け入れた土地柄であり、古典にそのことが数々残っている。大陸から見ると〝島の根っこ〟である出雲が、朝鮮半島から渡ってきた渡来人から大きな生活文化を伝えられてきたことは、立地条件がそれをよく示していた。

出雲王朝説を唱える父に、私はかつて、その時代はいつごろの事かと聞いたことがあった。父は「西暦元年をはさんだ時期だ」といい「日本にはまだ石器文化の人もいたが、古代出雲では、人々は漁撈、農耕で生活し、鉄を用いるようになっていた。中国では周王朝の春秋の時代（BC七七〇〜四〇三年）から秦の始皇帝の時代に移り、さらに前漢の時代（BC二〇二〜AD八年）に移ったころにあたる。朝鮮では新羅、百済、高句麗が王朝をたてる直前の時代だったとみられる」と言っていた。出雲が文明先進国の古代中国と朝鮮から大きな影響を受けていたことを強調していた。

西暦元年をはさむころということは、ここ出雲には二千年の歴史があるということである。

「天《あめ》の下《した》造らしし大神の御門《みかど》、即ちここにあり。故に、三刀矢《みとや》という」とある「出雲国風土記」の記載事項を根拠とした父の〝出雲王朝三刀屋〟説をかみしめるように私はあらためてその台地に立った。

この小さな丘を古代人はかけめぐり、国の中心をかまえて、その経営をなした。ここは二千年の台地――。

私は松本古墳群を見学すると、宮谷《みやだに》の方に降りながら、私が給下の小学校に通っているころから見知っている三屋神社の境内に向かった。「出雲国風土記」にも登場する大社造りの三屋神社は、酷《ひど》く傷んでいた。

大社造りの本殿の屋根にあがっているはずの千木《ちぎ》はもぎれて、ついていなかった。暴風にあって吹き飛ばされでもしたのだろうか。千木は床に横たえられていた。

千木だけではなく屋根の、棟木に設置される円柱状の三本の鰹木（勝男木）もなかった。

誇らしく天にそびえているはずの千木が、わが一宮にはついていないのである。この神社の千木というのは、超古代につくられた原始的な小屋に突き出た柱に由来しており、古神の存在証明となるものであった。それがなく、もう朽ちるままに床に横たえられていた。

ここは出雲大社よりさらに古い出雲一の宮である。スサノオノミコトの末娘である、スセリヒメとオオクニヌシノミコトがつくった政庁の跡地（しるし）であり、天の下造らし大神すなわち大国主命の縁《えにし》の地である。かつては「一宮」と大書されていた大きな石碑が、門前にあったというが今はそれもない。私は苔むすだけの石段を下りながら、先ほどから体に異変でもおきたかのように寒かった。ポツンと一人で石段を下りて、砂の参道に下りていくのだが、なんともいいようのない寂寥感が私を襲うのである。できれば、宮司さんにも会い、近所の人にも尋ねたいことがあるのだと先ほどまで思っていたはずの自分だが、茫々と寂しいばかりである。

ここは古代から神門臣《かんどのおみ》、出雲臣《いずものおみ》が氏子となって守り続けた由緒ある神社である……。古代史は、未来に対する教訓となるものだ。歴史は人の道の財産である。

私は、引き込まれるような淋しさを打ち払うために現場を離れ、三屋神社から再び小学校の跡地へもどっていった。

石の校門が当時そのままに残っていた。

コの字型に建っていた校舎の中央正面入り口に向かって右側が職員室で、左側が校長室だった。入学した一年生の時は、梅窓院側の左手に追加された新校舎に私の教室はあったが、三年生になると教室が足らなくなって、私の組は中央の校長室が臨時の教室になっていた。担任は女の福代《ふくしろ》先生だった。先生は生徒の誕生日には必ず全員に炊き込みご飯を出してくれるやさしい先生だった。忘れようもない思い出だ。

素足で走りまわった砂の校庭がなつかしく、およその見当をつけて広場の中央に立ってみた。私はひとり深呼吸をした。懐かしいのである。私はこの校庭を走りまわっていたのだ。運動会の日のことを思い出す。白いパンツ姿で駆けまわった校庭。赤・白・青・黄のはちまきをしてバトンを受け取りコーナーを回ると歓声がおこる。あの子、この子の顔が浮かんでくる……。胸を突き上げてくるものがあった。

思い出は私を再び元気にした。

この校庭の跡地で何かをやらねばならない。何かをすべきだ……。私はひとりつぶやいていた。校庭跡地を何枚か写真に撮りながら、この大地にお礼をしたいという気持ちになっていた。何か感謝の気持ちをあらわしたくなったのである。寂しさが止《や》み心がコロリと動いた。奇妙な心の体験だった。

「わが出雲。わが三刀屋」……私は一宮給下を離れながら、この聖地の小学校跡地で何かしなければ……としきりに思うようになっていた。

出雲三刀屋の人々と会話をし、写真やビデオや資料をもらい受け、四日間の旅を終えて帰京して、私は遅れに遅れていた古代出雲史研究を再開した。十五年間途切れて点と線になっていた研究を思い出しながら、父が残した原稿に目をやり、新たな追跡の一歩を踏み出すことにした。

東京の根津に住む私は、春先になると花粉症の治療薬をもらいに東大前の医院にいくのだが、その帰り道のことだった。ふと立ち寄った古書店で『斐伊川史』というB5版六五〇ページの古本が目に飛び込んできた。斐伊川史刊行会が発行したもので、奥付をみると、昭和二十五年印刷とあった。

一ページ目には、原夫次郎島根県知事と兼子秀夫副知事と恒松安夫県会議長三人の写真が載った公的刊行物であった。

序文に目がいった。「斐伊川を特徴付けるものは、年々の流砂による川床の上昇と下流地域における夥しい寄洲の造成である。即ち三刀屋川分流点以降は砂川といった方が妥当で、殊に夏期ともなれば神立橋以降は全然水がない。

右岸と左岸に潅漑用水路が設けられているが、その用水路に僅かな流水をみるのみである。……故に天井川《てんじょうがわ》という言葉は日本の河川史をひもといても、恰《あたか》も斐伊川のためにつくられたとしか思えないほどの著しい特徴をなしているのである。………」

天井川に苦しみながらこれと格闘し、一方で恵み多い川として崇《あが》めるといった人と川の歴史が、この編纂には刷り込められていて、私はおもわずスゲェーと呻いて購入した。

斐伊川の自然、変遷、人文、年表の四編からなる大書には、古代からの人と砂川のかかわりがデータとともに息づいている。つまり砂鉄精錬による鉄穴流しの流砂によって、治水の政治と行政に苦闘する姿が読み取れるのである。

貴重な写真が二枚ついていた。一九四五（昭和二十）年の斐伊川阿宮《あぐ》堤防決壊時の写真と、一九三四（昭和九）年同阿宮付近で数千人の男たちが斐伊川の流れを変える急水止めの「堰留め工事」をする姿である。

私はかつて米国帰りで出雲市長になった岩國哲人氏の取材で出雲に出張した際、斐伊川の神立橋《かんだちばし》付近で、干上がって砂漠となっている川床に立ったことがある。中国大陸で干上がった川を見たことはあるが、近くに水を含む緑の山を抱えていながら、なおも砂の川床をみせる大河の姿は、斐伊川をおいてはないであろう。

全面砂の上を轟々と流れる濁流と、水一滴ない砂漠のような川底をみせるのは、同じ斐伊川なのである。

『斐伊川史』は、斐伊川を本流として支流や水源地までの風俗が書かれており、私が幼いころに泳いだ三刀屋川の変遷も書いてあった。

上流で砂鉄採取によって川に砂を流すから、川床に砂が溜まって中洲ができて、下流では毎年のように水害になる。だから下流の損害に対して上流の砂鉄業者も費用を負担すべきだという論争が絶えないことも書いてある。

私が三刀屋小学校に入学していた年、一九四九（昭和二十四）年時の治水に関する問題点が書いてあった。「上流山地及び流失土砂の状況」の項に

「上流地の地質は概ね花崗岩で、風化し易い状況であり、林相は概ね良好であるが、砂鉄採取事業により古来から山を切り崩しつつあり、その跡地の処理に当を欠いておるので降雨ごとに砂鉄採取跡地は崩壊しつつある。

砂鉄採取は現在も古来水流比重選鉱法によって選鉱しているので、今後とも流水することが考えられる。……下流部の直轄施行区域で調査した結果は、約三二〇万立方米の土砂が、昭和十一年より昭和二十二年迄に堆積している。現在流出土砂は年間二〇万立方米と推定されている」とある。ものすごい砂の量である。

同じページ下段に一九四九年の時点で四十一カ所の砂鉄採取場所が地図に記入してある。斐伊川の河口に位置する出雲平野についてもふれてある。

現在では陸続きになっていて広大な平野を形勢しているが、その大地の土は皆、斐伊川上流から流された砂の堆積によるものであった。そして、もともと斐伊川の河口は今のように宍道湖へ流れ下りていたのではなく、出雲大社のある、稲佐の浜の日本海の方に直接流れ出ていたという古地図も載っていた。

その地図では、出雲大社の目の前が入り江となっている。

斐伊川の河口が日本海から宍道湖の方に変わるのは江戸時代（一六一〇〈慶長十五〉年）

のことであった。

　この『斐伊川史』は古代から流出を続けてきた砂の川、斐伊川について、古代の神話である国引きの神話から書き起こしている。砂土が島根半島と出雲平野を陸続きにした後、古代人によって出雲平野が干拓されたという古代出雲時代を構想させるにはうってつけの貴重な書籍であった。砂の斐伊川が河口の大地を変形させ、島であった島根半島を引き寄せて、新しい大地を生み出した恵みの大河であったという歴史は、砂の中に存在しつづける鉄の原料と重なって出雲族の活動がものすごいエネルギーであったことを感じる。大地はやがて稲作の広大な耕地となって人々の暮らしを助け、巨大神殿・出雲大社を創建させ

斐伊川が西流していたことを示す古地図
（『斐伊川史』1950 年より）

るパワーとなっていくのである。

出雲平野がまだ海のころ、御門の里みとやは、鉄の交易地として重要な根拠地であった。青年オオクニヌシが、スサノオノミコトの末娘、スセリヒメと出会い、御館をもうけたという〝みとや神話〟を、実相へと引きあげていかねばならない。

私は、考古学の専門家でもないし、神話学の研究者でもない。先達たちの研究書をあさるしかない一介の記録作家である。がしかし、鉄のルーツをたどっていく方法こそが、消えたままになっている古代出雲時代を蘇らせる方法だと強く思っている。であるがゆえに、私はなおも鉄の古代史を追ってみたいと思う。

「素鉄《すてつ》」(この言語は筆者の造語であることをお断りしておく)という言葉が仮にあるとすれば、私の古層への旅は、鉄穴流しが五世紀以降の技術革新によって生まれた方法だったとしても、そのさらなる先代に、出雲にはなお、「素鉄」という素朴なる鉄の作品を創り出す集団がいついていたのではないかという仮説へ向かうのである。

彼らが扱った鉄は、きわめて粗雑な鉄、「素鉄」と仮に呼んでみるしかないもろい鉄の時代があったと考えてみると、実相において見えてくるものがあるように思うのである。

父は、出雲から古代史を説明できる物証が出ない理由を、「鉄」は、「青銅」と違って酸化して形が残らないからだと嘆くように言っていたが、消えてなくなり、物としては証拠にならない鉄の成分を、道具として加工していた時代があったはずで、それを私は「素鉄」といってみようと思うのである。

物的証拠としての「鉄文化」は、どうころんでも三、四世紀の古墳時代以降にしか出現していないのである。しかしそれは、出雲に「鉄文化」がなかったことの証拠ではないのだといいたい。

鉄の考古学について専門家の意見をまずみておこう。整理の意味で、松井和幸氏の『日本古代の鉄文化』(雄山閣出版、二〇〇〇年)からその要点を抜粋させていただく。

「百年余りに及ぶ日本考古学研究の中でも、鉄生産に関する本格的な研究は、その歴史が浅い。それは鉄器が青銅器などに比べ酸化腐食しやすいこと、そして実用的な利器が多いため研ぎ減らしなどによる変形が著しく、原形が不明瞭になっている場合が多い点などに起因しているためである。すなわち、これら鉄の有する欠点からくる資料不足が、研究の進展を阻害していたともいえる」とその研究の遅れを指摘した上で、鉄の古代史を次のようにとらえている。

「東アジアにおいても、鉄器の出現期には、隕鉄《いん》や柔らかくて利器とならない錬鉄が現われた。中国では紀元前十四世紀（商の時代）から青銅器に隕鉄製の刃先を装着した鉄刃銅鉞、鉄援銅戈などが出土している。

やがて紀元前八世紀から紀元前五世紀（春秋時代早期～戦国時代早期）頃から人工鉄の生産が始まる。……中国の鉄器文化は、やがて朝鮮半島、そして縄文時代晩期の日本列島へと伝わった。その時期は朝鮮半島から本格的に弥生時代の農耕技術が流入してきた時期と重なっている。……砂鉄を原料とする近世たたらは、日本列島独自の鉄製錬法であり、起源は古墳時代後期の鉄製錬の中にすでに見られる。朝鮮半島と日本列島内の鉄製錬、鍛冶技術は、製鉄原理を受け入れた後はそれぞれの地域で独自に発展していった」

きわめて重要な指摘がされている。日本への鉄の流入が、農耕技術の流入時期と同時であること、砂鉄を原料とする鉄製錬法は古墳時代後期にすでに見られること、日本列島内の製錬はそれぞれの地域で独自に発展していったこと、などである。

鉄の研究を専門とする松井氏の指摘から、日本の鉄文明の始源が西暦元年前後の時期（スサノオの時代）に存在することは否定できないと思うのは私だけであろうか。

誰がいつどこでどのように鉄を産み出していったか、個別にそのルーツをたどるしかないということである。

「鉄」を求めて二千年の歳月をくだる旅は、私に「鉄」と同じ金属文化である青銅器「銅《どう》鐸《たく》」への探究心を抱かせる。

父・樋口喜徳の研究も私のそれも、青銅器の研究を二の次にしていたことに気がつく。「鉄」のみを求めるがゆえの傾向だとしても、「鉄」を求めるからこそ〝銅鐸の存在〟を探究しなければならなかったはずなのだ。私はかつて近畿大和地方を中心に出土してきた銅鐸は、ヤマト政権の存在をいっそう大きくするもので、出雲鉄族の文化とは直接的には無縁のことだと誤解していた。

銅鐸の用途には、古代生活者には欠くことのできなかった原料としての鉄への信仰があったと教えられて目がさめたのである。鉄を求める信仰の祭器こそ銅鐸だったという点を見落としていたのである。なんとうかつなことだろう。「鉄と銅との関係」を、私はしっかりととらえなおしておかねばならないと思うのである。

私が仮にいう「素鉄」と名付ける「古代の鉄」についての概念は、科学的な製鉄原理の解明だけでよしとするものではないという意味でもある。人間の文明の発展はまず鉄の素材を発見し、それを次第次第に加工する技術にまでもっていった。それが文明史であったということをいおうとしてのことである。

人工的に大量生産化する以前の自然信仰と結びついた産鉄が出雲時代のスサノオノミコト、オオクニヌシノミコトの時代ではなかったかと思うのである。で、その古層つまり「素鉄」の時代に、文化的な形として残す役割が青銅に求められた。石器とは違う塊を実用化（生活必需品）する鉄の役割に対して、祭器（神器）として人々の心を集めていたのが、青銅の「銅鐸」ではなかったか。

「鉄」の発達と「銅」の発達は、金属発達史としては同時期のもので、鉄の実用性とその性質に対して、銅は貴重な役割を担っていたのではないか、これが「青銅器＝銅鐸の謎」をとく鍵だと思うのである。このことを教えてくれたのが、大塚正信氏であった。大塚氏は、三刀屋出身の陶山和良先輩のかつて会社の上司であり、銅鐸の研究家であった。大塚氏は、ずばり銅鐸は大地、地の神として古代人が敬った五穀豊穣を祈る神器であるという。

天孫族が銅鏡《どうきょう》を神器としてヤマト朝廷を確立する前に、〝出雲銅鐸〟の時代が存在した。銅鐸は地に埋めて保管し、祭りの時にこれを取り出し、豊作を感謝する神器として使ってきた。銅鐸は、「オオクニヌシノミコトの神器」だったといっても過言ではない！　出雲銅鐸はそれゆえに今日まで謎の扱いを受け、軽視され誰がなんのために使ってきたかと

銅鐸の出土状況がわかるように整備された加茂岩倉遺跡

いう根本問題が伏せられて理解する力が疎外されてきたのだ！

私家版『銅鐸と日本神話』の中で大塚氏は次のように述べている。

「先ず銅鐸神器圏の大国出雲を征服し、更に瀬戸内海より東征、高地性集落に立て籠もり防戦する国々を通過して、最後に目的地大和に侵入征服した。（近畿に）大和政権が確立すると更に勢力を四方に拡張して銅鐸神器圏を完全に征服して、銅鏡神器圏を此の地域に確立した。それらの歴史的事実が記紀神話のなかに『出雲国譲り』……などとして記録されているものと思う。……東征軍はこの様にして銅鐸族の人々を服する者は友好的に、服せぬものは奸計を以ってしてでも徹底的に打ち殺して、大国大和の国を平定して、畝火《うねび》の白檮原《かしはら》の宮において天下統一の宣言をした。大和の国は銅鐸神器圏より銅鏡神器圏へと急転変化した。銅鐸の信仰は厳禁され鏡の信仰へと改宗された。銅鐸のことを語ることも禁じられたであろう。……」

銅鐸というれっきとした弥生時代の歴史的存在＝物証がなぜ「古事記」「日本書紀」「風土記」等の大和政権の官撰に一言もふれられていないのか。その理由は明確だと大塚氏は教えるのである。つまり九州発のヤマト族がそれ以前の出雲、大和地方つまり銅鐸発見地を支配していた〝大国主《オオクニヌシ》の出雲銅鐸〟圏を侵略し次々と征服して、神器を「銅鐸」から〝銅鏡〟へ変遷させていった。その証拠が「銅鐸」の「謎」だと指摘しているのである。

大塚氏はさらに「銅鐸」の信頼すべき研究者たちの存在を教えてくれた。私はむさぼるようにその説をさぐった。銅鐸を神器とした出雲神族はカモとミワなどの二族であったこと。出雲族が本拠地としていた大和を追われ、その一部が出雲に隠遁するにいたり、銅鐸が神器であった彼らの存在は消されていったと理解できること。さらに、その銅鐸を守る抵抗は長く続き、古墳時代まで残り、形をさらに変えて今度は鉄鐸《てったく》となって伝えられ、その一部が長野県の諏訪神社に神宝として今も伝えられているという。

長野の諏訪神社の神はもろに出雲神そのものである。

和称「さなぎの鈴」といわれて伝えられる鉄鐸のルーツには、「大国出雲」つまりスサノオノミコトとオオクニヌシノミコトを代表とする出雲古代がある。出雲時代の歴史を吹き込まれていることを証明する物証だとすればその存在は決定的である。

――銅鐸は、大きな鈴であった。

鈴は、神を招く聖なる音楽である。

出雲銅鐸の意味を教えられ、さらに鉄鐸の存在を教えられた今、私は興奮の時を迎えた。砂の記憶の向こうに、砂鉄族があらわれ、さらなる向こうに出雲銅鐸に守られた「素鉄」の民の生成が見えてきたわけである。

「鉄の古代史」と、「青銅史」とを対立的概念としてきたこれまでの常識は、銅鐸の研究の深化によって、〝鉄文化の信仰〟ということを理解できるようになったのである。「銅鐸」の役割は、地の神を守り、「銅鏡」は天（太陽）の神をあがめる。この対立と対抗史は「鏡」が勝利し、今日まで三種の神器の鏡として伝わってきた。

かつて銅鐸、つまり〝大きな鈴〟は、その神秘的な〝すずの音〟として神々との交信を果たす役割をもっていた。銅鐸は銅鏡によって迫害されながらも、やがて鉄鐸となって秘かに復活し、今日まで伝えられてきた――これが出雲系諏訪神社の神宝として残っている鉄鐸の意味ではないかということである。

藤森栄一氏の「鉄鐸の発見」（『銅鐸』学生社、一九九七年）では、大場磐雄博士の「信濃国の銅鐸と鉄鐸」の研究に注目して「出雲神につらなる立派な鴨族の故地」のことまで探究していく。皇学館大学名誉教授真弓常忠氏は、改訂新版『古代の鉄と神々』（学生社、一九九七年）の中で、青銅器が鉄を求める祭器であるとし、褐鉄鉱《かってっこう》の存在に注目している。「褐鉄鉱とは、若干の吸着水をもつ水酸化鉄の集合体の総称で、沼沢・湖沼・湿原・浅海底等で含鉄水が空中や水中の酸素により、またバクテリアの作用により、酸化・中和し、水酸化鉄として鉱泉の流路に沿って沈殿したものである」とし、その沈殿したものが自然に塊となってチャラチャラと音を発するようになることから、スズと太古では呼ばれていたと説くのである。

この褐鉄鉱の塊が、つまりスズが群生することをスズなりと称し、このすずなりの塊を製鉄の原料としたという。そのスズをあがめる祭器が銅鐸であったと指摘する。現に、褐鉄鉱を原料にした鉄の製造技術が実験で証明されていることも記している。

そして真弓氏は、大量の銅剣が発見された荒神谷遺跡を訪れて「田圃のあぜ道をたどって、少しばかり土を掘ってみたところ、鉄分の豊富な赭色土が表れた。ということは、かってこの谷あいの水際に葦や薦の根に生る褐鉄鉱が得られた可能性のあることを意味する」として、荒神谷も加茂岩倉も褐鉄鉱の増殖を祈念して青銅器を埋祭したものであろうと述べている。

この指摘のように、褐鉄鉱の存在を知ることになると、鉄穴流しの技術を持ち込んだ砂鉄族以前にもう一つの原鉄族の存在を想起させることになる。「倭鍛冶《わかじ》」と「韓鍛冶《かんかじ》」の位置付けが必要となってくる。

「褐鉄鉱の団塊」の存在を、日本に鉄を伝えた鉄族の初期の仕事だとすると、古代出雲史は、よりいっそうその姿を明確なものにしていくに違いないように思われる。私の心は、スズの音に引かれていくわけだが、鉄と農耕を一体のものとしてとらえ、そこに信仰をもつ農耕の自治体を想起すると、「鐸舞《たくまい》」を生み出していく素地が出雲に存在するであろうことがわかってくる。「鐸舞」とは、銅鐸や鉄鐸を使って神に感謝する「神舞《かみまい》」のことである。「神舞」の発展は、芸能（神楽《かぐら》）の芽生えにつながっていく。

私は、古代出雲史を実相として掘りおこそうとしているわけだが、有形にしろ無形にしろ、夢幻として扱われ、まともには取り上げられることのなかった「鉄文化の古代出雲史」を今こそ判然とさせ、その理由を示していかねばと思う。「鉄」の追究は、日本の芸能の始原を求めることに重なっていくのであるが、大好きな芸能への道筋は、別の章に譲り、ここではなおも出雲古代鉄文化について手繰《たぐ》っておきたい。

三刀屋を古代砂鉄文化の拠点の一つだとすると、三刀屋地区よりさらに山の奥になる吉田村地区や横田地区のタタラの里の鉄の古代史を見ておかねばならない。吉田村が伝えるタタラの製鉄所は、五世紀以降、あるいは定着産鉄時代である中世・近世の鉄穴流しの生産体系を伝えているように思う。

斐伊川の上流、仁多郡横田町には、鉄穴流しの工程がわかる羽内谷《はないだに》鉄穴流し跡が見学できるようになっているが、横田町での古代鉄のルーツは、岡山地方の吉備一族が、南出雲の良質な砂鉄を求めて侵入したことからはじまったと認識している。その根拠は、県境の標高一一四三メートルの船通山（斐伊川の源流）の山麓におびただしい古代の〝野ダタラ〟跡が発見されたことから、吉備一族（産鉄で栄えた一族）からもたらされた製鉄技術であったとしている。

「以来、船通山を中心に、たたらの炎が出雲国に燃やされたのである。やがて大化改新……。律令国家に成長していた日本国の鉄生産は、すでにここ奥出雲を含む中国地方が中心となっていた。ここで生産されるたたら鉄は鍬や鋤に形を変え、庸《よう》という税金として、大和の貴族たちのふところに入っていった」(『トラベル横田』)

〃野ダタラ〃の跡が残っていたという斐伊川の横田地区にしても、菅谷《すがや》たたら山内《さんない》のある吉田地区も、川を下ると三刀屋「御門」に至る。

鉄生産の跡は山奥にあるが、古代出雲に鉄が海を渡ってきたことを示す遺跡は海岸にある。西暦二世紀から三世紀前半にかけて朝鮮半島から渡ってきた鉄文化が日本海沿岸の遺跡から出土している。島根県では安来市の塩津山遺跡、町上野II遺跡から鉄材が出ている。日本の鉄に関する記事で、最も古い文献は中国の歴史書『魏志《ぎし》』東夷伝《とういでん》で、朝鮮半島の古代弁辰の条のところに以下のように記されている。

「国、鉄を出す。韓《かん》、濊《わい》、倭《わ》、皆従ってこれを取る。諸市買うに皆鉄を用いること中国の銭を用いるごとし」

この記述から、当時の日本から朝鮮南部の地区に渡って鉄を求めたということが読み取れる。これが三世紀前半のことだから、三世紀後半に、吉備から山越しをした吉備族が出雲に製鉄を求めてきたこととつながっていくというわけである。鉄に関して日本の文献では「日本書紀」の中に、二点の記述がある。「天日槍命が鉄器類を天界に献上する」と

「百済《くだら》の使節が鉄器財宝類を大和朝廷に献上した」という記述である。

文献から読み取れる点は、日本は鉄を原料として朝鮮南部より輸入していたであろうこと、やがて野ダタラという手法によって、山砂鉄から製鉄の技術が伝わり、良質な砂鉄を求めて出雲の製鉄がはじまったであろうということである。

大和政権の全国化と関係して、出雲の産鉄業の要《かなめ》である三刀屋が真っ先に大和政権の配下に入る。その象徴が出雲最古の前方後方墳、松本古墳群の大型バチ型古墳の存在ではないかと思えるのである。

日本への鉄のルートは、九州や出雲ルートだけではなく、北日本にもあり、まったく西部とは違った、北アジアからの製鉄ルートが早くから存在していた有力な説があることも、ここでは押さえておかねばならないことである。

日本に鉄文化が渡って来たのは、稲作文化と同じか少し遅れてのころだが、鉄文化は農業と同じように人類の文明を大きく変化させていった。

私が「素鉄」時代というものをあえて設定したのは、この鉄文化の実際が考古学としては見えてこない時代、しかし鉄文化はかならずや存在していたであろう時代を示す一つの方法として言及しておきたかったからである。

金属と人間のかかわりは、文明そのものとみてよく、まず、金、銀、銅、隕鉄の発見にはじまり、それを加工する喜びに終始していた。やがて青銅から鉄器時代を生み出し、鉄が生産と関係し人類史上圧倒的な位置を占めるようになっていった。

鉄の素材の問題でいえば、隕鉄にはじまる人間と鉄との出会いの歴史が、やがて日本独自の鉄製錬の技術、日本刀の生産へとつき進み、鉄文化は農耕の喜びをあらわす芸能化（文化化）へと発展し、無形の地域文化史――「祭り」へと昇華していったのではないかと思うのである。鉄と芸能はだからこそ不可分であった。

「さなぎ」と古語で呼ばれてきた「銅鐸」そして「鉄鐸」、それを鳴らして舞う「鐸舞」のことなどが、私のこげつくような青春の演劇時代と重なって、古代出雲史を「芸能（文化）の源流を求める里」へとさらにいざなっていくのである。

故郷、出雲三刀屋一宮給下の旧三刀屋小学校跡地の広場で、私は、現代の鐸舞、「御門《みかど》火まつり」を実施しようと、まるでハッと気づいたように決意したのである。

みとやっ子

東京銀座は、私の好きな街だった。父の事務所が一時（一九五三年から四、五年）、四丁目の聖書館ビル内にあった。だから和光の横の道をよく知っていて、銀座は私が東京に移ってから最もよく行った街である。

その懐かしい銀座の四丁目、銀座三越の隣にあたるビルの十階で、「銀座駅前大学」というカルチャーセンターが開設されていて、二〇〇三年一月、私は二時間の市民教室を開いた。

一時限目は私が三十年間かかわった光文社「女性自身」シリーズ人間班の専属記者生活を振り返って、現代ジャーナリズムについて述べ、二時限目はこれから取り組む北東アジアの中の〝古代出雲史〟についてその概略を述べるというものであった。

「花岡事件」の講座を開いて講演をくり返してきた私だったが、今回は一時限目、二時限目とも私には新しい講演テーマであった。

銀座三越に隣接したビルの綺麗な教室で開かれた「銀座駅前大学」には、東京に住む出雲三刀屋《みとや》出身の懐かしい人達が顔を見せてくれた。故郷から東京に出て活躍している人は、どの県にも大勢いるわけだが、私には、いったん中断していた古代出雲史研究会を再開するという意味もあって、故郷出身者を前に語るのは感慨深いものがあった。私の五歳上の姉も、小学時代の同級生も来てくれた。私は、自らが溜めてきた故郷への思いを表現していく第一歩を踏み出したのである。

第二次世界大戦を敗戦によって迎えた現代の日本は、その経済力、その国力において完全に戦前なるものを乗り越え、半世紀の間、戦争に参加せず平和な時代を堅持してきた。しかしその実、「豊かさの中の貧しさ」といった社会的道徳的な欠陥があることに皆が少しずつ気づかざるをえない時代にさしかかっている。

私自身、具体的に戦争と平和、戦後処理問題と格闘してきたから、道徳の退廃が招くものが少しだけわかるのであるが、現代史の中に漂っているだけだと、事柄の良し悪しは自覚できにくいものである。しかも、では具体的にどうするかとなると手をこまねくしかない。

戦後にはじまった〝民主主義体制〟自体が、次第に金属疲労を呈しているといわれる現在の社会で、次の一手が描けず、無党派層の拡大によって民心が浮遊するさまは、きわめて深刻なわけだが、国家国民を〝導く中心軸〟を喪失していることからくる不安から、民衆はなんとか脱出したいのである。縮み思考に陥って悪循環となっているマイナス社会から抜け出なければならないという思いは皆強いのだ。

故郷を強く思うようになった私のもとに、故郷から小さなすてきなニュースがやって来た。それはわが出雲、わが三刀屋に注目を集めようとする私にとって、とてもありがたいニュースだった。三刀屋一宮《いちみや》給下《きゅうした》の小学校の後輩たちが、ミニバスケット全国大会の会場である東京代々木の体育館で島根県代表として決勝トーナメントを戦うというのである。

わが後輩たちは女子六年生を主体にした十二名だった。あんな片田舎から大都会のそれもバスケット大会としてはメッカである代々木体育館で全国大会を競うなんてちょっとオドロキである。

私が東京に出てきたのは一九五四（昭和二十九）年のことで、ちょうど小学校六年生のときだったから、感慨は大いなるものがあった。空襲の焼け跡の残る街だった当時の東京の風景とは今はまったく違うから、くらべようもないのだが、心の成長過程である六年生として東京での全国大会にのぞむことは、それこそドキドキものであろう。

郷里の声援を受けて子供たちが羽田空港に降り立ったとき、東京にいる故郷出身者でつくる「東京みとや会」の幹事さんたちと一緒に、私も「東京みとや会」のハッピをきて「がんばれみとやっ子」と書いた横断幕をひろげて子供たちを出迎えた。二〇〇三年三月二十八日と二十九日の二日間にわたった代々木体育館での試合にも駆けつけて、大声を出して声援をおくった。

東京育ちの私の息子も小学校時代はミニバスケットクラブにはいっていて、中学時代でもバスケット部にいたから、親として何度も応援にいっていた。だからバスケット試合のアヤはよくわかっていた。キュッキュッとシューズを鳴らしてゴールのリングめざしてジャンプする。ストンとボールが吸い込まれる一瞬のあの緊張感はバスケならではの面白さで、息子が打ち込んだスリーポイントシュートは今でも忘れない。

わが故郷三刀屋の後輩たちのチームは、ひとり一七二センチもある長身を活かして得点していく選手を中心にしたチームであった。そうでなければ身体的に華奢《きゃしゃ》にみえる出雲の子供たちに、全国へ登る勝機はなかなか望めるものではなかった。しかし、華奢にみえた可愛いいみとやっ子たちは、溌剌と、ものおじせずコートをところ狭しと走りまわって堂々としていた。強豪の集う大会の雰囲気にのみ込まれて大差で負けるのではないかと心配であったが試合はいずれも拮抗し、ずっとリードする場面が何度もあった。

大挙して上京した父母たちも、ラッパに太鼓で気合の入った大応援団となり東京の者と郷里の父母たちが一緒になって声を枯らして声援をおくった。

郷里出身の東京女子体育大学の大門芳行教授のサポートもあって、練習場の確保などみとやっ子たちは恵まれた経験をした。そして「東京みとや会」と郷里の父母たちとの交流会も盛況のうちに打ち上がり、引っ込み思案で、積極性にかける出雲人の悲しい気性は消え失せていた。私が、試合後の交流会の席で古代出雲史に関心を持ってくれと叫ぶと、ドッと共鳴の勝鬨があがったほどである。

「東京みとや会」の難波明会長は、補助金に頼らざるをえない過疎化のハコモノ地方行政になんとか活《かつ》を入れようと、故郷にビッグスター北島三郎公演を誘致して町おこしに情熱をかけたりしている。みな故郷に対する思いは深いのである。

二日後、私は、古代出雲時代を芸能の面からも蘇らせるために、渋谷の若者のメッカであるクラブ・ブエノスに出かけた。

四月一日の深夜、クラブでDJをしている息子KAMYU'TAがこの日、イベントを組んでいた。

「輪《りん》」と名付けたこの日のクラブ・ブエノスでの企画は、出雲市出身のヒップホップの人気者、グラップラーズがメインであった。私は、東京で活躍する若い出雲芸能人を見ようと、渋谷円山町にあるクラブ・ブエノスに出かけたのである。

ヒップホップの世界というのは、既成の権威主義をきらい、人間性をなくしかねない商業主義にからめとられまいとする気概のあるインディーズの担い手たちのことである。つまり、わがままな歌いぶりが真骨頂な新しい音楽なのだ。商業主義にスポイルされることを極度に嫌う彼らは、もっぱら大人たちが寝静まった深夜に集まって来て、おもいっきりパワーを爆発させるのだ。そんな力のみなぎる世界に出雲出身者がトリをつとめるというので、これは是非そのシーンをみておかなければなるまいと私は思ったのである。

長年ミュージシャンを撮りつづけた斉藤陽一カメラマンをともなった。

グラップラーズは力強い、歯切れのよい攻撃的な歌い手たちだった。

私は、「新劇」の一形式である「群読《ぐんどく》」を取り入れた構成曲「出雲」を作り、彼らに歌ってもらいたいとすぐに思った。それほど攻撃的であり、切れがよかった。

古代出雲史を想起するとき、〝出雲なるもの〟をわかりやすい創造物へと形づくるようにしなければならない、と私は考えている。人々の琴線にふれるものにしなければイベントの進展はない。良質な土俵をつくり、古代出雲のスサノオノミコトに迫らなければならない。

私にもささやかな芸歴がある。学生時代からどっぷり漬かった劇的な時代があり、俳優に親友と呼べる蟹江敬三《かにえけいぞう》がいる。当時の話は〝彼に聞いてくれ〟と互いに言い合う仲である。彼と私が歩んできた一九六〇年代末の小劇場運動の芸能時代を活用していかねばならないと思っている。

私たちが「劇的な日々」と呼んでいたのは、一九六九年四月から十月へかけての「真情あふるる軽薄」（清水邦夫作）の時代をさし、未遂「創造者反乱計画」に殉じた演劇時代があったことを指しているのであるが、ルポライターに転職したその後、私は一九八四年に事実の劇場劇団「不死鳥」を結成し、社会運動に表現活動を持ち込み効果を上げている。私はなおもかすかに芸能（表現）の人である。

深夜、若い男女が懸命に歌い踊るクラブにいて、私は元気をもらった。これからやろうとする「出雲御門火まつり」構想には、静かに、しかし無謀なまでの仕かけが必要であり、現代の鐸舞《たくまい》をやろうという情熱が必要であった。

出雲なるものを現代に蘇《よみがえ》らせそれを未来へと繫《つな》げていく作為は、おおらかなる祭りへの企画にまずは込められるものでありたいと思った。将来の出雲発展を願う企画案文を私は作った。


今回立ち上げを志向する古代出雲時代の説は、現在の人々の生活環境と無縁に構想されるものではなく、消されてきた「古代出雲史」を掘り起こして、それを活かして現実的な将来像に結び付け出雲の新都市を構想することに繫げていくものです。

現代人として、その血と肉となる大地への感謝感激が、古代出雲史を蘇る基礎となることを魂に命じるものです。

「出雲国風土記」の表記を契機として、古代出雲史のさらなる深遠に思いを致す時、出雲祖霊に対する「まつり」をもって、先ずは将来へとつながる文化事業としてスタートさせます。

神代人間が海なる生物であったことを想念して塩を蒔き清めて、一点に火を灯し、真《ま》砂山《さ》を崩して砂鉄を得た産業の地としてその記憶を留めるために砂を盛り、祖霊を招き米の汁等で祓い「感謝の祭り」とする。

この火は、砂鉄を焼き出すあのたぎる炎を連想させるものであり命あるものの元気の源である。

三屋《みとや》神社、梅窓院、松本古墳の聖域を給下の旧三刀屋小学校跡地の原に求めて、小さなタイマツを灯し有志つどいて、火祭りに至る。この行為を原型にして出会いの里づくりのスタートとするものです。

地より湧き天より下りました万霊に感謝し、天地神明に平和を誓い、生きとし生けるものの加護を願うことを第一とする命《いのち》の感謝祭です。

場所は、旧三刀屋小学校跡地にする。これは私の構想の中にガンとして動かぬポイントであった。大切なのは、故郷への強い思いを背骨にしていくことであり、そうでなければ無は有へ転化しない。ましてや、必然性はきわめて文学的であり、茫洋として摑みどころがないわけである。なにせ人の心の中に棲む無形なるものを、時空間にとびはなとうという仕かけなのだから、〝やる気があること〟だけが重要なのである。だからこそその分、自前の「古代出雲論」をもたねばならないことであった。

私は、自前の古代出雲論をもとうと、既存の古代出雲史論を読みあさるということをやるわけだが、これがものすごい難題であった。というのは、古代出雲史は、「神話」を利用することによってのみ書かれたものがほとんどで、神話がたよりの古代史論で、どこまでが実相といえるか、どこからがフィクションなのか、その仕分けが複雑きわまりないのである。たまたま国土を開発していて偶然に遺跡が出現していく考古学と神話の関係はどうなのか、虚実の境目が実に不明瞭なのである。

古代出雲史論ほど、複雑な〝謎のままの古代論〟もない。ましてや実証性に弱い先達《せんだつ》の研究成果をたよりに構想するしかない、後れてやってきた私のようなものにとっては、「出雲神話系古代史」は、難解この上ないものであった。

古代出雲史研究において、スサノオノミコトやオオクニヌシノミコトの位置付けはきわめて重要である。この二人については実在した人物のディフォルメである点が多いが、実在そのものを疑っていたのではなりたたないのである。どんなに考古学が発達しても、「古事記」や「日本書紀」の古代説明文章を越えることができないのも事実である。日本に漢字が伝えられ、文章が記録として残るようになるのは王仁《わに》博士が千字文一巻・論語十巻を持って来た西暦四〇〇年ごろ以後のことであるといわれている。仏教が日本に伝えられるのがそのさらに百年後の西暦五〇〇年ごろで、古代を解く文献として今なお第一級の歴史書は「古事記」（西暦七一二年）「日本書紀」（西暦七二〇年）であり、この時期に書かれた類書を越えるものはないのである（もちろん、「旧事本記」の記録性とその存在を否定するものではない）。しかし、「古事記」「日本書紀」が日本の独立を強く意識して書かれていて、作り話が多い点も考えなければならない。皇国史観を否定する立場から「記・紀」が不確実性の高いものであるという批判もまた無視することはできない。だがしかし、「記・紀」二つの文献を補う役割をもつ諸国編「風土記」が、日本最古の地理歴史書として信頼性が高いことから、逆に「古事記」「日本書紀」も文献として一級であることを証明していることも確かであろう。

本書で、私は極力「神話」の話を避けるように心がけたし、これからも「神話《フィクション》」と、実相をなるべく区別しながら、考古学だけでは見えてこない、人間生活の古代史を描いていきたいと思っている。

しかし、それにしても〝古代出雲史〟は謎のままに放置されて、不幸である。このままではいけないのである。否定されるにしろ肯定されるにしろ、研究の成果は学術的に止揚されていく必要があると思う。

私は「出雲国風土記」の時代からずっと続いてきた、雲南（出雲地方南部）の行政単位である飯石郡、大原郡のうち、三刀屋町、掛合町、吉田村、木次町、大東町、加茂町の六町村が合併して一つの市になるというプログラムが進行中から、なんとしても古代出雲史の実相を明確にしておくことが大切だと思っている。

古代史を把握しておくことは、新しい都市づくりに最も大切な事柄である。私は、〝御門火まつり〟を実施する目的を〝平和芸能文化都市づくり〟においた。

それは、古代出雲にオオクニヌシノミコトを育てて繁栄した時代があったとするからであり、それがなぜ、大和政権中央政府の樹立によって、ほろびの道に入ったのか、その理由がわかったような気がするからでもある。出雲古代史の終末期は、支配する者と支配される者の階級化（専制化）が進み、日本が統一国家となる前夜の時代であった。

生産物の交換経済が発達し、海の幸、山の幸を互いに交換し、漁撈、農耕ともに栄え、植林や産鉄によるいっそうの繁栄は、出雲を実り多い文化国家にしていった。神に五穀豊穣を感謝する祭りをくり返していた出雲の国はいつしか、権力を集中させ支配する力を身につけ、社会制度化を急ぎ、上下階級を深化させた後発の近畿大和勢力に後れをとってしまったのだ。

抗戦準備をおこたり、軍事力強化をしなかったオオクニヌシノミコトの出雲は、抵抗むなしく大和政権の配下に入っていく。

日本の古代制度研究家の学者、権藤成卿《せいきょう》は『日本農政史談』（純真社、一九三二年）の中で古代出雲朝が滅んでいった理由の一つに「出雲朝時代に非常に淫乱な風俗が起こったことは、疑いない事実である。その起こりは村邑の組織が飾りによく整い、作物が豊か過ぎたため、お祭の回数が段々増して、お祭好きになってしまったからだという説がある」としている。

大和と出雲の生産力を古代において比較すると、出雲の方が大陸との交易も栄え、日本海沿岸を北九州へ、東北「越」へと物を運んで、豊かな土地であった。物のない大和は、政治の仕組みを発達させるしかなかった。生活物資を他国周辺へ依存するしかなく、税を発達させて収奪することを前提としていくようになり、生産者と消費者を分けていく中央集権制度を発達させていったのである。大和が中央集権の王国をめざすのは、それしか方法がなかったからでもある。支配する側としての大和中央政府の存続と出雲の政権の存続とはまるで違っていたのである。

この権藤成卿の研究を父・樋口喜徳は、師でもある岡本利吉（財団法人民生館の創立者）の門下生として青年期から学んでいたので、その教えを私にも教えてくれていた。古代出雲と違って、二十一世紀の出雲は、過疎化の進む特徴のない地方である。大東京一極集中化の進む日本列島の中で、出雲はとりたててあげる産業のない地方の一つとなっているだけである。

私は、思い切って古代出雲にアイデンティティーを求め、お祭り好きの古代出雲を掘り出してこれを逆転させて、ニュー出雲をめざし、里おこしの祭りを将来ビジョンとして思い描くのである。

小さなできごとであっても、ミニバスケットチームの上京で、故郷を思う東京在住者は、思いもかけぬ元気をもらってうれしかった。出雲の故郷三刀屋の出身者たちでつくっている「東京みとや会」の幹事さんたちは、私の〝御門火まつり・出会いの里づくり案〟に賛成で、その実現に向かって歩み出した。

ミニバスケットボールチームの上京を機会に、東京のみとやっ子は息を吹き返し、その交流はさらに続いた。

しばらくしてチームとともに上京した三刀屋小学校の三宅康将教諭から電話がかかってきた。子供たちに東京の文化を少しでも伝えてやりたいのだが……という相談であった。私は喜んで子供たちの前に立つと即答し、そのことを「東京みとや会」難波会長に伝えた。難波会長は直ぐに賛同し、「御門火まつり」計画の理解を得るために三刀屋町役場との会談をセットするように手配してくれた。

さらに三刀屋町が長年取り組んでいる「教育の町」づくりの一つ「永井隆平和賞」受賞記念大会（九月十二日）への参加も決定し、三刀屋に行こうと提起してくれた。「東京みとや会」設立時の呼びかけ人でもある難波明会長と、陶山和良副会長、山根輝夫幹事長と私の四人がそろって九月に帰郷することになった。

予定が組まれたことで、諸々の準備に入らなければならないわけだが、足場となる思想をしっかり組んでおかねばならないことであった。そこで、私の日常的な活動の足場となっている「東京東アジア文化交流会」の定例シンポジウム、（二十三回）のテーマを古代出雲史にした。「古代出雲時代と東アジア文化、縄文から弥生へ日本の基層を掘る」と題して飯田橋で開催した。

メインの講師はノンフイクションライターの松永憲生氏にお願いした。なぜなら、古代出雲史つまり弥生時代を掘るとすると、それ以前の縄文文化の理解がなければ、消えた古代出雲史を蘇らせることは難しいと考えたからだ。松永氏は、縄文文化に造詣が深く、「縄文アテルイ・モレの会」を主宰して毎年、大和政権と闘って戦死したエミシの総大将アテルイの慰霊祭を実施している人物であった。

松永氏には、縄文の魅力は非戦共同体の生き方にあり、目を見張るような相互扶助の生活にあったから、その点について語ってもらった。

縄文時代を言いあらわすのに「蛇」を象徴とする時代だとする見解がある。それに従っていえば、弥生時代は「鉄剣」を象徴とすることができるのではないだろうか。新しい文化が芽生えてきて交差する時、その転換期を象徴的に言いあらわす伝説なるものが、「ヤマタノオロチ退治神話」ではないだろうか。「蛇」を切り裂いて登場した文明が出雲弥生時代であったと象徴的に言うことができる。つまり縄文と弥生の違いは「鉄」の登場によって区切れる。

農耕と鉄の文化（技術）が弥生出雲の時代にあるわけだから、「ヤマタノオロチ退治神話」は大きく変わっていく文化変遷を言いあらわしているがゆえに「フィクション化」したのだと思う。あの大仰なまでの「虚構性」は、変化する時代を言いあらわしたのではないだろうか。そうでないと、「古事記」や「日本書紀」には、あれほどおもしろく取り上げられているのに、「出雲国風土記」（地理誌）には取り上げられていないという問題点を解き明すことはできないと思うのである。

したがって弥生出雲時代を掘り起こすには何よりも縄文の理解を必要とし、それを前提においてこそ時代は説明できる。新興大和政権に縄文の精神は苦しめられるわけだが、その新興してくる大和政権に、オオクニ（大国）の統治権利を譲っていく弥生出雲時代を掘り起こす場合のこれは鉄則ではないかとおもう。

文化は交差しているわけだから、生活文化の検討は子細にやっておく必要がある。パネラーに松永氏のほか、事実を書く立場にある金子博文氏（「山と溪谷」記者）と久野一郎氏（町立歴史民俗資料館学芸員）にも加わってもらい、縄文と新興大和権力が登場するまでの中間に位置した古代出雲史を想定して発言をもらった。「論」としてだけで終わるのではなく、テーマの掘り起こしを兼ねた現地出雲三刀屋へと誘う道をつけていくことが私には必要だった。

私は思想を固めながら、一方で故郷三刀屋での出身小学校の教壇に立つ準備も行った。小学六年生を対象とした課外授業として取り上げる場合、古代出雲史の授業を難解なものにしてはいけないと思っていた。学生時代に教わった教職履修を思い出し、その導入はどのように持っていこうかと考えた。故郷三刀屋の古代史に誇りを持てるようなものにするにはどうするか、大いに考えねばならないことであった。

ポイントは、旧三刀屋小学校裏にあった「松本古墳群」を取り上げて、できるだけ実証としての古代出雲を語ることだった。学校教育の中では弥生出雲時代は設定されてはいないので、大和政権誕生の前段の時代をていねいに説明していくことがまず必要である。大テーマだが、それこそが三刀屋の誇りとなる点であるから、児童たちの身の近くのできごととして古代に対する想像力を持ってもらうようにすることが肝心だ。

幸いにも、現在私が住んでいる東京文京区に着目する点があったのである。

文京区根津のすぐ近くに弥生町がある。弥生土器出現によって弥生時代の名称になった土地である。住んでいる町名が歴史の教材にもなっていることに、私は小躍りしながらその痕跡をスライドに撮っていった。これを子供たちに見せながら、弥生出雲時代を呼び起こすことにしたのである。しかも、一八八四（明治十七）年に東大生によって発見された弥生土器ではあったが、不明な点の多かった弥生土器の時代をさらに確実なものにしたのは、一九七四年に根津小学校の六年生三人が弥生貝塚を発見したことによっていた。「弥生時代の文化」を鮮明なものにしたのは小学生たちの功績だったのである。

根津小学校は息子が通っていた小学校だったから授業参観日などに駆けつけた馴染みの小学校であった。そのことを記した石碑が東大農学部前の言問通りに面して立っている。

もう一つの身近な点は、住居のすぐ近くの根津神社の祭神はスサノオノミコトや、オオクニヌシノミコトであることだ。ここ文京区は、サトウハチロー(弥生町の住人だった詩人)らによる町名保存運動の歴史があり、行政用の地名(丁目番地)のほかに、旧町名の由来記が必ず掲示されている。根津(旧名は根津藍染町)の隣の旧町名「根津八重垣町」の由来記には、日本の和歌のはじまりとされているスサノオノミコトの作「八雲立つ出雲八重垣妻ごみに八重垣作るその八重垣を」から、八重垣をとって町名に採用したことが書いてある。根津神社の祭神スサノオノミコトが町名の縁となっていたのである。

弥生時代、根津は入江になっていたところで、古代人は本郷台地と上野の山に挟まれたこの入江を陸地の根っことして暮らしていた。台地と川口と海がまじわる環境の中で貝を採っていたのだった。だから弥生人の生活用具が東大構内や根津小学校の裏山から続々と出土したわけである。今はその谷間にあたる所に根津の町並みがあり、私はそこに住んでいる。私は、ちょうど出雲平野が斐伊川の土砂で陸地になっていったという地形の変化の

「古代出雲史の魅力」と題して行った三刀屋小学校での特別課外授業

ことに話をつないで話すことができたのである。

課外授業は、二〇〇三年九月十二日金曜日の午後、三刀屋小学校六年生二クラス合同授業として実現した。東京から一緒に来た三氏にも授業を参観してもらった。

特別課外授業「古代出雲史の魅力」と題して、私は教壇に立った。あらかじめ用意しておいた日本の古代史についてのスライドを活用し、図面なども掲示して、古代日本史に出雲、なかんずく三刀屋の古代人が果たした役割について説明をはじめた。

そして古代砂鉄の里として出雲三刀屋を語り、古代史を理解することは、資源の恵みに感謝することに繋がり、地球環境を守ることの大切さへと繋がっていくことを結びとしていった。

そしてさらに、この土地を誇りに思っている先輩として、「御門火まつり」を構想し準備していることも語った。

はじめて聞くことばかりに児童は興味津々である。先輩たちが東京から三刀屋に戻って来て三刀屋大好きイベントをやるらしいということを、子供たちは知ったのである。

学校の授業が終わると今度は、三刀屋町企画課および教育委員会（教育長）と「東京みとや会」の直接会談を行い、企画の趣旨を伝え協力を求めた。永塚教育長は、さっそく歴史シンポジウムの会場として文化体育館「アスパル」を押さえてくれ、高橋企画課長は同時期に予定されていた「みとやっ子祭り」との調整と旧三刀屋小学校跡地の確保を決めてくれた。

私は、さらに翌日「松本古墳を考える会」（片寄一郎氏が会長）の幹事さんである難波英治、三上孝弘両氏と事前協議を行った。そして十四日「永井隆記念館」で行われた平和のミサに参加し、午後は「アスパル」で行われた「第十三回永井隆平和賞受賞式」に四人そろって出席した。

第二次世界大戦は日本の敗戦で終了したが、人類史上はじめての核爆弾が広島に続き長崎にも投下され大量な死傷者を出した。被爆体験がもたらした後遺症の蔓延で凄まじい悲劇が続いた。戦争はもう二度とやってはならないというのが体験者の悲痛な願いであった。三刀屋出身で長崎医大に勤務し、妻を原爆で亡くしたクリスチャン永井隆博士の平和を願う主張が、「教育の町」三刀屋でも引き継がれていた。全国の小・中・高校生から毎年寄せられる平和の作文に賞をつけて奨励してきたこの行事は、三刀屋町が全国に誇ってよい平和のイベントだった。私たちはその授賞式に参加したのである。

「東京みとや会」と故郷の三刀屋との心のバイパスを形に込めて実施する「御門火まつり計画」を進める場合、三刀屋町が「神話の薫る花の町」づくりと共にこの平和の集いを実施していることは貴重なことであった。

授賞式が終わり会場を出たところで、受賞式に来ていた女子中生が、私たちをめがけてかけよってきた。ミニバスケットの選手として東京大会に来た女子生徒たちだった。小学生から中学生に進学していたのだ。小学生を引率して来ていた三宅教諭ともかち合って再会を喜び合った。子供たちは明らかに東京でのできごとを思い出にして元気であった。「アスパル」の式場を出ると、予定していた「御門火まつり」の会場である旧三刀屋小学校跡地等を見ておこうと、陶山副会長をともなって松本古墳群の台地の方に向かった。私がくり返し述べている一宮給下を確認しておく必要があったのだ。

梅窓院から裏山の松本古墳群を見学して、三屋神社の宮谷の方に下りていった。私は、また寂しい気持ちになるのではないかと少し怯えていたが、連れがあり天気もよく、受賞式で人も多かったこともあり、人影が優しく見えた。神社の裏側にあたる農家の主人《あるじ》らしき人物が目に入り、余所者《よそ》が二人、背広姿で山から下りてくる姿は、きっと不自然に映るのだろうと思って、私は「こんにちは」と声をかけた。優しい笑顔が返ってきた。まあどうぞと主人は知ったもののように二人を縁側に呼んだ。

たちまちお茶と漬物が縁側に出された。私は長年記者をやってきたから、目的のためならと、何度も見知らぬ人と語らってきたので話を進めることは苦手ではなかったが、私の父・樋口喜徳の名前を出しながら自己紹介することは礼儀だと思った、「はぁそげですか似ちょらいますね……」私には父の面影があるという主人との話はすらすらと進んだ。

私たちが「永井隆平和賞授賞式」の帰りだと知ると、主人はうちの孫も金賞を受賞したことがあると、当時の新聞切り抜きを出してきて見せてくれた。農薬をつかわない自然農法の大切さを作文にした秀作であった。

平和の大切さを噛みしめるようなその内容は、主人の誇りともなっていた。私たちの話は自然に傷んだままの三屋神社の現状の話になった。私がそれとなく尋ねると、あれはもう遷宮《せんぐう》しなければならないが、宮を建て替える資金のほうは積み立てられていて宮司さんと氏子さんとの間で話はついているとのことであった。（氏子さんたちとはここの場合、「出雲国風土記」を書いた出雲国造の祖先であるところの出雲臣《いずもおみ》、神門臣《かんどのおみ》に繋がる人達のことである）。

お先真っ暗なのかと気をもんでいたが、事情には光がさしている様子から私は安堵した。松本古墳の発見された一九六三（昭和三十八）年当時の模様も聞けた。当時、出土した鏡や小刀、ガラス玉などの宝物はしばらく一宮の里人たちは自由に見ることができたそうである。

長居をしてしまった。私たちは礼を言って立ち上がった。

やがてはこの大社造りの三屋神社は再び天に向かって千木も突き出すのだろう。私たちは坂を下りていった。

喧騒の東京に戻ると、私は、三刀屋小学校跡地での「御門火まつり」実施の準備にかかった。限られた条件の中、まだだれも想像することのできない小さな、しかし思い深き二千年の手づくりの祭りをどうしても実現したいと私は奔走した。

「出会いの里・御門火まつり」

〝二〇〇三年十一月一日、第一回「御門火まつり」開催〟を翌日に控かえ、持てるかぎりの小道具をバッグに詰め込んで東京を立った。

私は、「御門火まつり」を実行する前に、どうしても銅鐸が小高い山の中から三十九個も発見された地、加茂岩倉遺跡と、景初三（二三九）年の銘入り銅鏡（卑弥呼が中国から下賜されたといわれている）が出土した神原神社古墳を繋ぐルート（古道）の存在を確認しておきたかった。

加茂地区の地元研究者たち（「加茂歴史発進会」岡田亮二代表）によってその古道が追跡されていたことを知ったので、二千年前の古道を身体に感じておきたかったのだ。また、一度も訪ねたことのなかった、スサノオノミコト出立の神社「須佐神社」（佐田町）も訪ねておきたかった。

本番用の仕込み小道具を抱えて持ち歩き、合間をみては製作準備をしながら、本番直前だというのに二つものテーマをやろうとしていたわけだが、毎年秋田県の大館市花岡で「花岡事件」の慰霊祭をこなしていたのでできないわけはないと思っていた。

いつも私の活動をあきれながらも助けてくれる、山と溪谷社専属ライターの金子博文氏が同行してくれた。山歩きに慣れている彼の先導なくして、はじめての〝古道〟追跡は容易ではない。

私たちは、加茂町の古代研究者高木保教氏に教えてもらい山道に入った。「スサノオがヤマタノオロチを切った時、トツカの剣を池の水で洗ったが、その池は血で赤く染まった」という伝承のある、その池の跡が延野《のべの》にあったので、そこを確認してから山道に入った。

そして岩倉銅鐸発見の地まで歩いた。途中思いがけない風景に出会った。胸騒ぎで蘇ってきた時の風景とそっくりな中国山脈が七重八重と稜線を重ねて見えたのである。歩いてみなければ得られない体験であった。

関東の手頃な山歩きコースでは、人が山道に入っていて人と山とのかかわりが濃いのだが、こちらの山は、人が山を活用している頻度が希薄な気がした。古代からタタラ用の炭焼きの材料として山から木を積み出していたから、人と山が密接な関係にあったはずである。しかし、現代はアスファルトの農道や林道がめぐり、人が歩くデコボコの山道はとんと利用されなくなったようである。

岩倉銅鐸の地の周辺は明治期まで盛んな砂鉄産業地域だったとみえ、高木氏から教えてもらった明治期の古地図によると、十二の字名《あざめい》（立原、近松、大西、南加茂、三代、大竹、延野、大崎、猪尾、岩倉、砂子原、加茂中）は、すべて鉄精錬（タタラ）の関連地場であった。古代の銅鐸発見地は、代々タタラの里であったのだろう。ちょろちょろと水の流れ落ちる水路は赤茶けていた。今でもちょっと掘ると鉄滓《かなくそ》がゴロゴロと出てくるという。

私たちは岩倉からさらに山の背を移動して、いったん下山した。下山してから高木氏と再び合流して、神原神社古墳の石棺に使われた固い平板な石と似た、鉄平石のある場所を案内していただいた。

さらなる古道追跡の仕事は後日に残しおくことにして、佐田町の須佐神社の方へ向かった。須佐神社はゆっくりと探索したい神社だった。

もちろん出雲空港を下りると真先に荒神谷遺跡を訪ねたのは言うまでもない。かつて、父親と訪ねたころの荒神谷は、古代そのままのたたずまいだったので、とても不思議な感じ（お礼を言いたいような不思議な気）を受けたものである。今は観光スポットになっていて周辺は変容し、古代を想像するリアリティーを損なっていた。発見直後はまだ生々しい雰囲気が残っていたから、あれこれと深く感じ入ったものだった。

しかし、そのことより、結局のところ古代史専門家たちは、ここの大量銅剣の存在の意味するところを結論づけることができていないという点が気になるのである。あれだけの古代出雲史を解き明す証拠があるのに、今なお答を導き出せないでいる現実。学際的に結論を導き出すべきである。

さて、岩倉への古道の探検を途中で切り上げて出雲市佐田町の須佐神社を訪ねたわけだが、須佐神社は貫禄といおうか、たたずまいの精霊感は深々と深呼吸したいほどだった。出雲平野から神戸川《かんどがわ》上流に向かい、その中腹にある山間の里は、清々として美しいところであった。

夕刻、神社近くですれ違った里の老婆に声をかけてた。東京から来た者だが、明日は三刀屋で火祭りをやるのだと話すと、「三刀屋でそげなことされますか」と感心しながら老婆は言った。「ここの佐田町は以前は三刀屋と同じ飯石郡でしたけん」とびっくりするようなことを言うのである。

須佐神社を「出雲国風土記」時代の区割り地図で見ると、須佐は確かに飯石郡にあった。私は、この話を聞いて、三屋神社へ通じる直線の古道があるに違いないと思った。

私は古道の探検がいっそう必要になってきたと強く感じた。

「いいとこだね」、おもわず私と金子氏は大きな杉の木を見上げながらカメラのシャッターを切った。真っ直ぐに力強く伸びた杉の巨木は毎年訪れる秋田県花岡の松峰神社の巨木杉と似ていた。

須佐神社と大杉（金子博文撮影）

宿に戻ると、御門火まつりに参加してくれる人たちが、平和のシンボルとなる黄色いリボンを、首に巻いてくれるようにと二百本つくり、手づくりの松明《たいまつ》を針金に巻き付けてペンチで縛ったり、「群読」用のメッセージ（台詞）も手を加えて、夜なべになった。

十一月一日、御門火まつり本番の日を迎えた。午後、文化体育館「アスパル」を会場にして、「東京発・古代の出雲を考えるシンポジウム」が開かれた。主催は三刀屋町教育委員会と松本古墳を考える会、史談会だった。手づくりのささやかなスタートである。私の周辺の人たちが加わっての催しであった。東京の文化人に、古代出雲時代と三刀屋の関係を少しでもわかってもらわねばならないわけだが、東京から離れた出雲、ましてや三刀屋となると、日本のどこら辺にあるのかさえわからないというのが正直な反応だ。「だまされたと思って行ってみるか」と参加してくれたパネラーをともなっての強引な出雲入りであった。

蓋を開けてみると、古代史という限られたテーマでありながら、「アスパル」には百人を超える熱心な参加者がシンポジウムの開催を待っていてくれた。開催の挨拶は永塚久守教育長。「東京みとや会」を代表して陶山和良副会長が趣旨を披露。司会は、三刀屋古代史研究の第一人者景山繁光先生にお願いした。旧三刀屋高校校長で郷土史家である景山先生には、かつて父・樋口喜徳の古代出雲史講演会を主催していただいた経験があった。古代出雲史については地元の学究であり、私としてはなんとしても東京からのパネラーの指

東京発・古代の出雲を考えるシンポジウム（2003年11月1日）

南役になっていただきたかった。

東京から来たパネラーは松永憲生氏（ノンフィクションライター）、金子博文氏（「山と渓谷」記者）、地元からは久野一郎氏（町立歴史民俗資料館学芸員）で、ほかに千葉一宮町で学芸員をしている宇野幸さん。岡山で郵便局員をやりながら文化イベントを開催している福力祥晃氏。会場には荒神谷遺跡研究者などが松江、出雲等からも駆けつけていた。

松永氏は縄文文化の研究家であり、エキスパートであったから、弥生時代が縄文文化と融合していく時代のことを話した。

金子博文氏は日本全国の山と渓谷をレポートする記者だったから、古代出雲のたたずまいを残す加茂岩倉や荒神谷遺跡への古道にチャレンジした経験を語った。久野一郎学芸員は、学生時代に入手した「出雲国風土記」時代の研究用地図を持ち出して、出雲への研究者の視点を述べた。シンポジウムは古代出雲史を考える重要性を示し、今後の研究課題を描き、その第一歩を踏み出して終了した。

次に火まつりを実施するにはまだ陽《ひ》が高かった。

これには私の計算違いがあった。東京から予想した三十分の時差ではたりなかった。つまり日が落ちるのが予想よりもっと遅かったのである。四時開始を五時に延ばしたが、まだ小学校跡地は明るいのである。

しかし、ほとんどぶっつけ本番状態の仕込み状態からすると、時間があるのは嬉しいことでもあった。浮き立つ心を抱えて「アスパル」を後にして、「出会いの里・御門火まつり」会場の一宮給下へ向かった。

メインイベント会場の設営はきわめてシンプルなものだった。

広場中央にはあらかじめ町企画課と松本古墳を考える会の皆さんの手で、砂鉄を意味する山砂が盛ってあった。二本の竹竿に東京みとや会難波会長に書いてもらっていた筆字「所造天下大神之御門即在此処」の幟を左右に掲げた。招魂を意味する焚き火の用意もできていた。

「御門火まつり」の設定はこの三点が基本であった。

古代出雲史を研究する場合、最高の資料は「出雲国風土記」である。記載されたものとして、これ以上のものはない。「古事記」「日本書紀」にしばしば登場する出雲系神話はヤマト中央政府の思惑に強く影響されているが、「出雲国風土記」は、極力出雲の土着した地理に根拠をおいているので事実性が高い。その「出雲国風土記」が明確に三刀屋の語源説明の箇所で「御門此処にあり」と書いている。これを文字通りにミカドと読むか、ミトと読むか見解が別れるが、少なくとも寝所ないしは門構えの屋敷などの拠点があったところ、それが三刀屋である。

梅窓院の敷地にある松本古墳と、出雲大社造営以前の根拠地である三屋神社との中間に位置するこの旧三刀屋小学校跡地は、古代出雲史を研究するものにとって垂涎《すいぜん》の場所であり、古代人の魂に向き合うのにはふさわしい恰好の聖地であった。

世話をやいていただいた関係者はもとより、私の三刀屋小学時代の同級生が全国から駆けつけてくれた。片寄一郎氏の宣言ではじまった御門火まつりに、砂山を整地した跡地に二千個の灯明を点滅させる一連の作業に参加してくれた。灯明一個を一年と数えて、古代出雲を開拓したスサノオノミコト・オオナムチ（大国主命のこと）・スセリヒメ等の先祖に

御門火まつり（金子博文撮影）

感謝する祭りは、東京から出席してくれた同志たちの「群読」の披露で、その意義をさらに明らかにしていった。

平和のシンボルである黄色のリボンを首に巻き「おお　出雲　おお我等が一宮給下よ　永遠なる古代にいます祖霊のミカドたちをまもりこん　スサノオノミコト　イナダヒメ　オオナムチ　スセリヒメ　此の山　この川　この谷間　すまいなさる精霊たち　二千年の時をへて此処にあり　有り難き　慈しみて　感謝せん」と歌い上げられていく「群読」の声が、ようやく暮れなずむ里に響いた。

「群読」の響きを耳にした参加者は、引き続いて手づくり松明《たいまつ》の小さな火がセンターの焚き火から着け接《つ》がれ、砂の上の二千個のカップの中の蠟燭に点灯させていった。御門火まつりの精神が赤い炎となって一つひとつ咲いていった。

はじめ、まだ焚き火に火が入らぬうち、私は山砂を広場の中央に盛り上げてもらっていたわけだが、このことには大いなる感慨があった。

古代、ここの先祖たちは、火を起こし砂鉄をくべて鉄の塊を作り出していた。私は、その原始的な弥生出雲の世界を呼び起こしたかったのである。

祭りは、まるで起工式の鍬入れのようにその砂山を崩しながらはじまった。松本古墳を守る会のみなさんに、鍬を入れてもらい、円形状に砂を敷きつめてもらった。「砂の記憶」を持つ私にとって、私が走った校庭が、その砂の上に蘇るのを見逃すわけはないのである。こみ上げてくるものがあった。

私がお願いしていた同級生たち十二人が、この日、かつて走りまわった校庭の跡地に来てくれたことが嬉しかった。私が小学校六年生のとき、彼らの前を去って東京へ転校したのは一九五四（昭和二十九）年の夏であるから、もう半世紀にもなる再会である。

私がこの町に戻ると、親代わりといってもいい、「砂」と書いて「いさご」と読む電気店の叔父さんも、黄色いリボンを首にかけて会場に姿を見せ、松明からカップへと火の花を点灯させてくれた。

砂の上に二千個の赤い火がいっせいに揺れて咲くと、二百人の参加者全員の心が一つになった。やがて二千個の炎がすべて揺らめくと、子供たちは高いところから見ようと裏山に駆け登って「きれいきれい」と指さしていた。私もその場所に駆けていってみた。素早くいちばんいい所を見つけだす子供たちの感性におもわず微笑みが湧いた。二千個の灯明が消えると、二百本の手持ち花火を点火してフィナーレを飾った。


はじめ、御門火まつりがどのような精神でどのように始まるのか、参加者はわからなかったが、一連の作業に参加したみなさんが、すべてを飲み込むように理解したのだということを私は感じた。

砂の上の燃えかすを集め、焚き火にくべてすべて燃やした。幟に使った竹竿も燃やして広場は魔法のようにもとに戻っていった。

お世話いただいたみなさんと東京から私と共に来た者との打ち上げの宴を広場の一隅で開いた。酒の肴は名物の焼きサバと畑から採りたての野菜と焼きそばであった。

私のイメージの中にあるだけで、何もかもがはじめての試みだった「まつり」は大成功だった。スタッフが一体となれた「まつり」にみんなが酔った。即席の安来節が出て交流ライブは最高潮となった。感激の打ち上げは宿泊地となった峰寺山荘に戻ってもなおも続いた。

深酒したはずなのに、翌朝東京組みは峰寺山荘の裏山の弥山《みせん》山頂を目指して早朝登山を敢行した。

おそらく、古代人も見たであろう二千年の昔と変わらぬその景観に、私は唸った。出雲はまさに古代神々の住む都のあった所である。神の里にふさわしい心洗われる絶景が眼下に広がっていた。オオクニヌシノミコトも眺めたであろうその光景は、出雲のそして御門のあった三刀屋の「世界遺産」であると確信できるほどのすばらしい眺めであった。オオクニヌシノミコトは出雲の政権を大和に譲って隠居しながらも、出雲大社が高層であれば、島根半島の先端まで視野に入れられるとふんでいたかのようだ。

父がしきり言っていたお国自慢を思い出した。

「出雲のほぼ中央、しかもこれだけの見晴らしの平地を抱いた地が、出雲の奥山間部を備後、伯耆、石見まで見渡して三刀屋以外の地にないとすれば、三屋神社を中心としたこの地こそ、出雲朝廷跡と断定できる必然性がある。……あるいは給下の弥山の頂に立って見

弥山山頂からの三刀屋の眺め（金子博文撮影）

降ろすならば、西は大社の海を望見し、東は三刀屋盆地の原が眼下にひらけ、四方の山々の情景を青垣山の内と見ることができる」

まさにズバリの光景であった。

「御門火まつり」に参加した東京組は、教育委員会板垣氏の案内で松本古墳群を見学した後、企画課稲田氏の案内で「みとやっ子祭り」を見学し、さらに午後、西谷四隅突出型墳丘墓、荒神谷遺跡、万九千《まんくせん》神社、出雲大社（出雲の阿国《おくに》の墓も）、日御碕神社と、古代出雲のメッカをまわった。

私は、西谷四隅突出型墳丘墓を見られたことが貴重であった。方形の墳丘の四隅が突出した形のこの墳丘墓は中国山地から山陰・北陸にかけての地方にしか存在しない。出雲古代におけるこの最も特徴的な墳丘墓が、斐伊川の河口の丘にあった。

西谷四隅突出型墳丘墓が発見されたのは比較的新しいことであり、荒神谷遺跡との関係においてきわめて重要な墳丘墓だった。

新興ヤマト政権の影響を強く受けている三刀屋の松本古墳群よりも一世紀前の築造となるこの出雲特有の墳丘墓は、古代出雲史を解く重大なる遺跡だった。御門のあった三刀屋のほうが西出雲より先にヤマトの軍門に下っていたと考えられるわけだが、古代の出雲は、この西谷四隅突出型墳丘墓の王の存在を解くことによって、いっそう明瞭となるのである。

私たちは、大いなる古代出雲の実相にふれて、出雲空港を飛び立ち東京へ戻ることができた。

やればできるじゃない！　一宮給下旧三刀屋小学校校庭に咲いた二千個の火の花びらの美しい光景を脳裏に刻みながら私は安堵した。

やってよかったね！　感激は、十一月二十九日に東京市ヶ谷アルカディアで開かれた東京みとや会の総会パーティーまで続いた。永井隆平和賞の東京地区の受賞者も招待し新指向の東京みとや会の席で、「御門火まつり」をスライドにして報告して好評を得た。

みとやっ子にとって、朗報はさらに続いた。三刀屋中学がマーチング・バトントワリング全国大会さいたまスーパーアリーナに出場するという快挙を得たのである。三刀屋町の当たり年となった。

御門火まつりを実施して何が得られたか。その最大の収穫は、不明瞭であった謎の古代出雲史が、御門火まつりを実施したことで確実に見えてきたという点である。これにまさる収穫はなかった。

古代〝南出雲〟の実相

三刀屋の古代史研究家景山繁光先生が、古代出雲三刀屋を見事に素描されている。「アスパル」での「東京発・古代の出雲を考えるシンポジウム」開催に合わせてまとめられた手書きの小冊子である。

タイトルは『弥生・古墳時代の出雲と神話の実相』(二〇〇三年十月)。弥生時代前期から七世紀の古墳時代末期までの山陰出雲の古代史を、新たに発掘された遺跡と神話をヒントにして実相に迫ったもので、三刀屋古代史がその中核に位置してまとめられている。

ここでは、出雲古代史にかかる、紀元のころから、松本古墳造営の四世紀中ごろまでの、通史(史観)を原文のまま抜粋させてもらう。

弥生時代の中期後半の初め、(紀元の前ごろ)須佐《すさ》(今の佐田町)の首長(スサノオ)は、出雲南部(今の雲南三郡)に進出し、田地(ヤマタ=山の田・多くの谷間の田)を開拓し、水路(オロ)を拡充し、山林(八木杉)を植栽し、地霊・水霊(チ=霊)に神酒《みき》を捧げ、剣(天叢雲剣《あめのむらくものつるぎ》・草薙剣《くさなぎのつるぎ》)を祀る祭祀を行って、多くの「村落」(オロチの頭・尾は八つ)をまとめ、支配者となった。

次いで、樋《ひ》(今の木次町斐伊)の首長(アシナヅチ)の娘(イナタヒメ)を娶《めと》り、得塩《うしお》の須我《すが》(今の大東町須賀)に須我の館を建て、首長夫婦(アシナヅチとテナヅチ)に管理を託し、出雲東部(今の安来平野とその周辺)に進出し、安来の館を建てて、「村落」をまとめ、南部との「連合体」を実現し、「原出雲王国」を形成し、盟主となって支配した。

以上が、「ヤマタノオロチ退治神話」の実相である。

このころ、北九州や近畿との往来が盛んに行われた。

銅鐸・銅矛を導入して行う青銅器祭祀が、「村落」ごとに執り行われた。(荒神谷遺跡、志谷奥遺跡、中野仮屋遺跡、上条遺跡など)

中海・宍道湖沿岸の有力「村落」が方形墳丘墓の造営を始めた。(友田遺跡など)

中国山地の三次盆地や山陰沿岸に四隅突出型墳丘墓が現われる。

出雲平野の拠点集落で青銅器の鋳造を始めた。

弥生時代、後期前半の初め（一世紀の中ごろ）「原出雲王国」の盟主（スサノオ）には、多くの子がいたが、その末子（今の木次町下熊谷の猪目《いのめ》でスサノオとイナタヒメの子として誕生したオオクニヌシ）は、異母兄弟からの迫害や父の試練を乗り越え、武具（生太刀《いくたち》・生弓矢《いくゆみや》）と祭具（天沼琴《あめのぬごと》）を継承し、黄泉比良坂《よもつひらさか》（今の東出雲町の揖屋《いや》の伊賦野坂《いふやのさか》）で父の予祝を受け跡目を継いだ。

そして、相思相愛の異母姉（スセリヒメ）を正妻として迎え三刀矢（今の三刀屋町給下、三屋《みとや》神社の社地）に三刀矢《みとや》の館《やかた》を建て「原出雲王国」の支配者となった。

三刀矢の館とは、出雲国風土記にある三刀屋の地名起源の御門屋《みとや》の別称である。御門屋とは、御門《みと》（御寝所・婚姻の場所）のある建物という意味である。（御門—御寝所説）

従って、三刀矢の館は、オオクニヌシとスセリヒメとのスイートホームで二人の住居であり「宮居」であった。しかし、一方ではオオクニヌシが「原出雲王国」を統括し、政務、祭祀を司る「政庁」でもあった。（御門—出雲王朝説）

以上が「三刀屋神話（大国主命伝承）」の実相の前段である。

弥生時代、後期前半には、各地の平野と盆地で人口が増加し、「村落」の規模が拡大した。

石器が消滅し、鉄器が普及した。

「村落」の連合が進み「邦《くに》」の形成が進んだ。

出雲西部（今の出雲平野とその周辺）では、猪目《いのめ》（今の平田市猪目《いのめ》）の首長が、六つの「村落」（矢野・白枝荒神屋敷。原山。天神。多聞院・古志本郷。里方別所・山持川。斐伊川鉄橋遺跡）をまとめ「邦」を造った。

出雲中部（今の松江平野とその周辺）では、前述した意宇《おう》（今の松江市山代周辺）の首長（ヤツカミズオミヅヌ）が「村落」をまとめ、「邦」を造った。

出雲東部（今の安来平野とその周辺）と出雲南部（今の雲南三郡）では、既に、「原出雲王国」が形成されていた。

このころ、「原出雲王国」の盟主（オオクニヌシ）は、東部・南部の勢力を背景に西部へ進出して行った。

寸付《きづき》（今の大社町杵築）に木付《きづき》の館を建て、西部・中部・東部・南部の「邦」をまとめて「連合体」を造り、「連邦」を形成し、「出雲王国」を打ちたて主導権を握り、盟主となって統治した。

以上が「三刀屋神話（大国主命伝承）」後段の実相である。

このころ、環濠集落（出雲天神遺跡、正連寺北遺跡など）が出現した。

田和山遺跡が忽然として姿を消した。

荒神谷、加茂岩倉で大量の青銅器が埋納された。（紀元一世紀青銅器祭祀終焉説）

（注記）他地域の銅鐸・武器形祭器による祭祀が終わるのは約二〇〇年後の二七〇年ごろである。

西部の首長（オオクニヌシの系譜）は、北部九州との交流を深め、「出雲王国」の王としての支配力を強めた。

（注記）今後、首長（オオクニヌシの系譜）と記すのは、「オオクニヌシ」の何代目かの首長のことである。神話では、すべて「オオクニヌシ」として取り扱っている。

そして、代々大型の四隅突出型墳丘墓の西谷3号墓、7号墓、1号墓、9号墓を造営し、伯耆《ほうき》、因幡《いなば》、越前《えちぜん》、加賀《かが》、越中《えっちゅう》などの首長と交流、交易を深め、「四隅突出型墳丘墓連合体」の中心的な存在となった。

一方、東部の首長（スサノオの系譜）は、四隅突出型墳墓の仲山寺9号墓、10号墓、塩津1号墓、安養寺《あんようじ》1号墓、3号墓、塩津山6号墓、宮山4号墓、下山墓を造営し、吉備国備前《びぜん》の首長と同盟したり、大和国と交流するなど、荒島（今の安来市荒島）を中心として西部に拮抗する勢力を持って来た。

これに対し、中部の首長（ヤツカミズオミヅヌの系譜）は、来美《くるみ》墓、小廻墓、間内越墓、大木権現山墓を造営した。

弥生時代、後期終末二〇〇年ごろ、畿内勢力の中心地、奈良平野の東南部、纒向《まきむく》遺跡の大和国（邪馬台国　近畿説）の女王卑弥呼《ひみこ》が即位し、倭国大乱（一八〇年ごろ）がおさまり、西日本一帯のまとまりが出来上がろうとしていた。

（付記）一八〇年ごろ倭国乱れ、互に、攻伐し合い長い間盟主なし。

後に、卑弥呼が共立されて王となる。邪馬台国の女王卑弥呼は、鬼道につかえ、夫はなく、弟が統治を助けた。

二四七年、倭の女王卑弥呼は、狗奴国《くなこく》の男王卑弥弓呼《ひみここ》と対立した。二四八年ごろ、卑弥呼死す（戦死したとも暗殺されたともいう）。男王を立てるが、国中服さず、誅殺し合い、一〇〇〇余人が殺されたという。卑弥呼の宗女、壱与（いよ）《または台与（とよ）》が女王となり、国中が治まる。

二六六年、倭の女子（壱与か）使者を遣わし、西晋に朝貢した。（魏志倭人伝）

この後、四一三年まで中国の史書に倭の関係記事みえず。（約一五〇年間中国との交渉なしとの説あり）

ところが、全国的な首長連合を形成するのに出雲と吉備とりわけ出雲西部の首長と吉《き》備《び》備中《びっちゅう》の首長との密接な同盟関係が大きな障害となっていた。

そこで畿内勢力は、出雲東部と吉備備前の両首長を懐柔し、出雲西部勢と吉備備中勢力の消滅、削減を画策した。

出雲東部の首長は、中部・南部の首長と結託し、大和王国、吉備王国の強力な援助を得て、当時、出雲王国の王として最大の権力を持っていた西部勢力の潰滅に成功したのである。

西部の首長は、急遽、北九州の勢力に助力を求めたが叶わなかった。

この大きな政変によって西部勢力の造営した西谷9号墓（出雲王国最大の四隅突出型の墳墓）に後続する墳墓が、にわかに姿を消し、西谷3号墓が築造されてから、少なくとも約一五〇年以上の後、古墳時代前期後半に至って、北方約五キロメートルの北山南麓に、出雲平野唯一の大寺古墳（前方後円墳）が、神西湖東側の山地《やまぢ》山に山地《やまぢ》古墳（円墳）が現われるに過ぎず、明らかに約一世紀以上の古墳空白期が認められる。

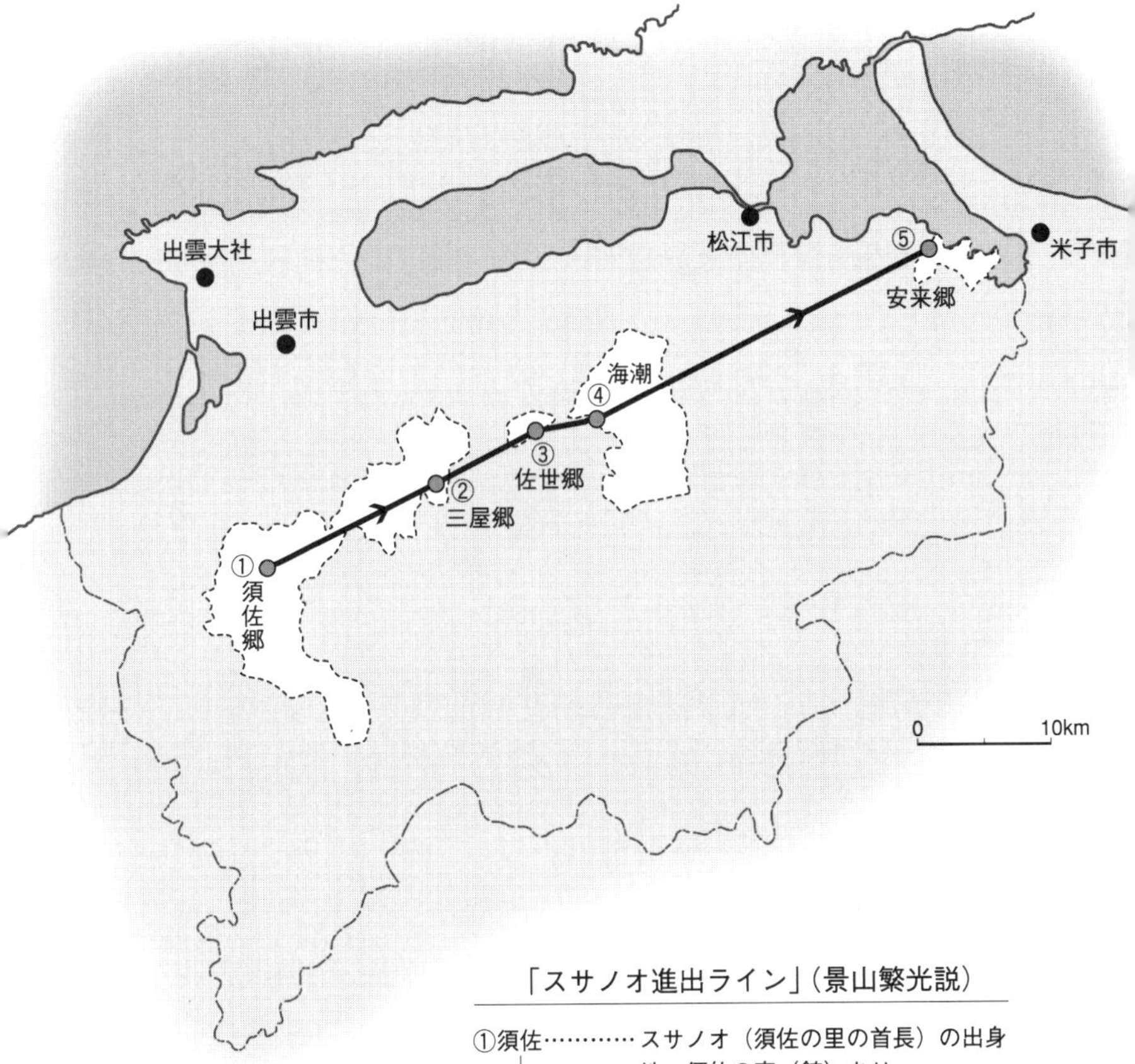

「スサノオ進出ライン」（景山繁光説）

①須佐…………スサノオ（須佐の里の首長）の出身地。須佐の宮（館）あり。

↓

②三屋・給下…スサノオの跡目を継いだオオクニヌシ（三刀矢の里の首長）が原出雲国を支配した本拠地。
三刀矢の宮（館）あり。

↓

③佐世…………スサノオの縁の地。

↓

④海潮・須我…スサノオの東部出雲への進出根拠地。
須我の宮（館）あり。

↓

⑤安来…………スサノオの東部出雲支配の根拠地。
安来の宮（館）あり。

なお、弥生時代後期にあった西部の「村落」は、天神・宮松遺跡を残して多聞院・白枝荒神屋敷・高浜川遺跡が、弥生時代後期終末に姿を消し、矢野・原山・山持川・斐伊川鉄橋・石土手・里方別所遺跡は、古墳時代前期に姿を消している。

このことから西部の弥生時代の首長系譜（オオクニヌシの系譜）は、いったん途切れたものと考えられる。

このようにして、「出雲王国」の王権は、西部から東部に変動し、「出雲王国」に対する大和王国や吉備王国の影響力、支配力は強まっていった。

以上が、「国ゆずり神話」の実相である。

古墳時代、前期四世紀に入り、安来市荒島を中心とする出雲東部勢力の首長は、畿内の大和王国と政治的関係を取り結ぶことにより、「出雲王国」の王権を確保した。

大和王国は、東部を西部に代わる出雲第一の勢力として認めたが、かつての日本海沿いの「四隅突出型墳丘墓連合体」の中心的存在として警戒し、日本海への突破口として、丹後《たんご》を懐柔し、政治的安定のため、出雲中部・南部との均衡をはかりながら支配力を更に強めていった。

このような中で、東部は、大成・造山1号・3号・寺床1号・宮谷17号古墳（以上方墳)、五反田1号古墳(円墳)を造営した。

一方、中部は、名分九山1号古墳(前方後方墳)、奥戈13号・寺床1号・八日山1号墳(以上方墳)、大垣大塚1号(円墳)を造営した。

これに対し、南部は、神原神社古墳(方墳)、松本1号・3号(以上前方後方墳)、斐伊中山古墳群を造営した。……以下略……。


謎につつまれた四世紀までの古代出雲史が、景山説の登場によってズバリ浮き上がってきたのである。日本の古代史研究の大半は、大和政権が成立していく古墳時代「前方後円墳」を中心にして語られ、大和以外の周辺の諸国史は、不当なまでにその歴史が放置されたままになっていたが、少なくとも古代出雲史は、新しく発見された遺跡と豊富な神話をヒントにしてその実相に迫っていくことができるようになり、その歴史は確実に浮上させることができるようになったのである。

景山繁光説には、ポイントが二つある。一点は、「出雲東部の首長は、中部・南部の首長と結託し、大和王国、吉備王国の強力な援助を得て、当時、出雲王国の王として最大の権力を持っていた西部勢力の潰滅に成功したのである」という史実を浮かび上がらせ、その証拠として、出雲王国最大の四隅突出型の墳墓に後続する墳墓が突然消え、百五十年ののちにやっとヤマト式前方後円墳が出雲平野に出現していることを指摘している点である。三刀屋、加茂等の出雲の南部は、大和、吉備連合軍に先に制圧されている史実を解き明かしている。

もう一点は、スサノオノミコトも、オオクニヌシノミコトも、人物としては複数あって、名前が代々継続されていく点である。「系統」としてこれを使うことで実相を組み立てている点である。

「代々」とすることで、古代出雲時代を再現させていく可能性が増してくる。

『原出雲王国』の盟主（スサノオ）には、多くの子がいたが、その末子（今の木次町下熊谷の猪目でスサノオとイナタヒメの子として誕生したオオクニヌシ）は、異母兄弟からの迫害や父の試練を乗り越え……相思相愛の異母姉（スセリヒメ）を正妻として迎え三刀矢に三刀矢の館を建て『原出雲王国』の支配者となった」として、そのオオクニヌシはさらに、東部、南部の勢力を背景にして西部に進出して「邦」をまとめて「出雲王国」をつくった。

これがオオクニヌシの前史で、古代出雲時代はさらにオオクニヌシの系譜として代を重ねていき国譲りの段に移っていくのである。謎ばかりだった古代出雲の歴史は、これで実相としてとらえられることになったと思う。

弥生出雲古代通史が浮かび上がったことで、最も重点を置いてきた、オオクニヌシが造った館（寝所）つまり「御門のあった所が三刀屋一宮給下である」という点について、さらに一点、補強の意味で考察しておくべきことがある。それは、「出雲国風土記」の中で、「御門」の字は、もう一度だけ使われている点をどう解釈するかという点である。

飯石郡の隣「仁多郡」の御坂山の説明のところで、「この山に神の御門あり」と記している。

三刀屋の場合は、オオクニヌシが建てた御門（館宮）のあったところとしているのでよいのだが、ここでは山の神が建てた館ということになっている。山の神という場合、「天の下造らしし大神」即ちオオクニヌシノミコトという場合とは違う概念なので、それ以前の先祖神のことかもしれない。だが、私には、砂鉄の生産地の深い奥地の中心に建てられた神の館として、三刀屋の御門と対《つい》になっていると解釈する。つまり、三刀屋の館（御門）と御坂山の館（御門）には、鉄の産地空間を守る「神の館宮」があったと理解できると思うのである。で、私はこれを「御門圏《みかど》」といってもいいのではないかと考える。

景山繁光先生の指摘のように、西出雲文化圏は西谷四隅突出型墳丘墓の王たちの時代に終焉したと理解して、南出雲が先行して大和式古墳を出現させていったというふうに割り出していくと、大和勢力が出雲を抱え込むように迫ってくる時、山間部の南の三刀屋や加茂は鉄の産地として西出雲制圧の前に、大和によってまず押さえられた証拠ということになっていると思うのである。

南出雲の次に出雲の東部の意宇地区が大和の文化に染まり、第三番目に西出雲にようやく大和の前方後円墳が誕生するようになるという見解が成り立つのである。「御門」（南出雲御門圏）の意味は、出雲の古代を明らかにしていく存在として重要な理由がここにある。

二十一世紀の現代になって、ようやく出雲地方における四つの「市」の形成が成されるわけだが、出雲南部（雲南市）、出雲東部（安来市）、出雲中部（松江市）、出雲西部（出雲市）の古代文化圏の相剋の史実が今、明らかにされることになり、景山繁光三刀屋史観は、歴史的な古代出雲史を描き出したものだといえるのである。ここに私たちは、消えて不明だった歴史を獲得することができるようになった。

オオクニヌシノミコトの時代、人民による政治がうまくいって、文化の国になり栄光の時代を築きながらも祭り好きが高じて、やがて消えていく。その後のヤマト中央の歴史が、俄然血なまぐさい権力闘争に陥っていくことによって国が統一されていく日本の歴史を考えると、小異を捨てて大同につき、出雲大社に隠居していった出雲王の存在、つまりオオクニヌシノミコトの系譜を正しくとらえていく作業はこれからいっそう重要になっていくものと思う。

古代出雲史を考えていく場合、最大のネックは同時代を記録した文字がないことである。漢字が日本にもたらされたことについては、本文中で西暦四百年頃であるとしているわけだが、二〇〇三年三月にも、千葉県流山市において発掘された三世紀の土器に墨書された「久」という一字が確認された。これまで、日本における最古の文字の存在は、三重県嬉野町の貝蔵《かいぞう》遺跡で見つかった二世紀末の土器に書かれた「田」の文字とされている。今回千葉で発見されたものは、さらに百年後のことで、文字は日本の西から東へ伝播しているのではないかと推測されている。では、この文字の存在は、「漢字の日本伝播は五世紀とする」これまでの見解と、矛盾するのであろうか。私は古代の文字に対しても、しっかりとした考え方を持っておく必要があると思う。で、発見された最古の貝蔵遺跡文字「田」は、確かに日本での最初の文字ではあるが、字は単独のもので、事柄を記録した漢文というところまではいっていないのだ。限りなく記号に近いものと識者はみている。しかし、すでに世界四大文明発祥の地の一つである中国では、秦の始皇帝（紀元前三世紀）の中華統一から、有名な三国時代（紀元三世紀）の魏に移り、日本のことが文章となっている。倭国の動静については紀元前から漢字で書かれている。

その中国と交易し、徐福日本到来の伝説（紀元前三世紀）を持っている日本で、なおも文章はなかったとはたして言えるのだろうかと疑問が起こる。卑弥呼が三国の一つ魏の国から持ち帰ったという銅鏡（加茂神原神社古墳から出土している）には、漢字が書かれている。文字の書かれた中国鏡は現在日本に千枚近くが出土しているという。その神原神社古墳から出土した景初三年（二三九）の銘の入った鏡からさらに百年経過している松本一号墳（三五〇年ごろ）の出土品の中にも、「子孫」の二字が読み取れる獣帯鏡がある。したがって五世紀（四〇五年ごろ）の「王仁《わに》博士が千字文一巻、論語十巻を持ってきた」という史実にいたるまで、日本には漢字が伝わっていなかったとする従来の考えだけでは、説明が不十分ではないかと私は思う。だからといってすぐに神代文字の肯定に繋げるわけではないが、「与」「田」「久」などと字が書かれたものが二世紀以降には出土していることを考えてみれば、記号段階からより進んで文章化がはじまっていたと思うのである。

ちなみに、権藤成卿著『日本農制史談』では、漢字の日本輸入は、もっと早期であると言っている。中国の長江から朝鮮の江華島に通じる水路（海）が発達して、晋の文明（三国時代の次）が大いに栄えて、朝鮮に入って文学が勃興した。その同時代の人に王仁博士が存在し、彼が日本に系統ある学問を起こしたことを説明して以下のように述べている。「但、漢字はその以前より傳っていたもので、漢字が始めて此の時に入ったとする通俗歴史の説くところは誤りである」と断言している。

中国の文明が帯方地方（朝鮮）に広く深く根付き、さらにそれが日本の農制を発展させたことを示し、王仁博士がその役割を大いに果たしたことをたたえている。そして、日本の「仁徳帝が、帯方の文明人を全部日本に引き取ることにした。……日本の文化は之が為に長足の進歩をした」と百済と大和政権の同一性を史実だと強調しているのである。中国・朝鮮の文明が日本の文学を勃興させたことを王仁博士の存在に託すべきところを、漢字を日本にもたらしたことと、曲解している点を権藤成卿は指摘しているわけである。

消えやすいという意味では、酸化しやすい「鉄」について考察することもさらに必要である。「鉄」の日本への伝播も、鉄斧《てっぷ》が古代朝鮮から北九州に伝えられた（福岡県の曲り田遺跡から板状鉄斧が出土）時期が紀元前五世紀から前四世紀であるわけだから、「鉄」と

「文章」も日本への到来は、五世紀よりずっと古いと私には思えてならない。縄文時代を調べ、弥生時代をさらによく調べてこそはじめて、大和の政権の誕生の凄さが見えてくる。

日本の古代史の研究は、「古事記」「日本書紀」によって、(「風土記」もふくめて)形が決まったのは確かである。それは、ちょうど悠久の河が一度せき止められて人工的ダムが作られたと同じような役割を「古事記」「日本書紀」は持ったのだと考えることができると思う。そのダムのおかげでたくさんの歴史解明の効用がうまれたのは事実である。しかし、ダムの上流では、たくさんの事実が水没したこともまた否めないのである。水没して見えなくなった古代の最も象徴的な存在が、「弥生・出雲の古代史」であったのだとすると、ダム建設の意義を讃えれば讃えるほど、水没させて失ったものの価値に学ばねばならないと私は思っている。

三刀屋の隣町、木次《きすき》平田遺跡の発掘調査によって、明らかになってきた弥生末期の鍛冶工房の発見には、本書が求めてきた古代出雲の人々の真姿がズバリ見えてくるような大発見であったということにふれておきたい。

一九九九(平成十一)年から発掘された第Ⅲ調査区で、直径約九メートルの竪穴式の建

木次平田遺跡の現況。この田の下から鍛冶炉や鉄片が出土した

物跡の床面から四基の鍛冶炉が検出され、周辺の床面から鉄鏃の未製品や鉄片が出てきたという。それに加工や研磨に使われた作業台、鏨《たがね》、砥石も出土したという。さらにこの鉄素材を分析したところ、鉄片は朝鮮半島からの輸入品であるという。この鍛冶工房が弥生末期のものだとすると、古代出雲を「素鉄」時代と設定して考察してきた私には、とびあがるほど喜ばしい考古学上の発見ということになるのである。

平田遺跡における鍛冶工房の成立が弥生末期だとしても、ここの〝鉄〟の存在は、縄文晩期に始まっていると考えられる可能性もあるのだ。

私が木次町の平田遺跡の存在を知ったのは、

二〇〇四年七月四日、「山陰弥生文化シンポジウム」（島根県・鳥取県・山陰中央新報社等の実行委員会主催）が、東京港区で開催された時に最新の遺跡紹介が載っていたパンフレットを見たことによってである。

「この鍛冶工房は弥生時代末から古墳時代初頭に営まれたものですが、大陸の鉄素材がどのような経路で山間地の遺跡まで運びこまれたのか興味深い事例となっています」とあり、発掘された鏨の写真が載っていた。鏨というのは鉄板や岩石を切ったり穴をあけたりする鋼鉄製の〝のみ〟の事だが、朝鮮からの輸入品であった。

私の解釈である「御門圏」内にあるこの斐伊川上流の遺跡群は、スサノオミコト、オオクニヌシミコトの神話にいろどられた鉄産出の地域である。本書で求めてきた「古代鉄族が開いた古代出雲史」のまさに物証のあらわれだということである。その平田遺跡はすでに埋め戻されているというが、私はなんとしても物証が出たその台地に立ってみなければならないと思った。

先達たちの文献を漁って、なんとか古代出雲をとらえようと試みてきた私に、皇国史観の大家田中卓《たかし》氏の見解が横たわっていた。ごつんとぶつかるような衝撃をもつこの大家の説は傾聴にあたいするものがあった。田中卓氏のその説には、古代出雲が、大和以前の時代に深くかかわりを持っていることを知らしめるものであったのだ。

「……人生における最大の不幸は、自らの出生を明らかにし得ない場合でありましょうが国家においても同様で、祖国がいつ、どのようにして建設されたのか、皆目見当もつかないということは、国民にとってまことに恥ずかしく、痛恨の極みであります。……日本書紀や古事記その他の古典が現存し、それらによって神武天皇の前史を含む建国史の大筋を、学問的にしうるとするのが私の年来の主張であり、特色であります。……」と『日本の建国史—三替統合の精華』(國民會館叢書五十、二〇〇三年)の中で日本建国の曖昧な点こそを明らかにすべきだという立場を表明していた。

で、その説であるが、私がまさに注目する点があった。「神武天皇の前史」の中に、出雲系の人々の活躍時代が、一番古い、〈第一次〉の時代に、「天のホヒの命系」を後の出雲氏として取り上げている点。さらに、〈第二次〉の時代として「ニギハヤヒの命系」、後の物部氏・尾張氏等の時代があったこと指摘しており、それらの政権が次第に変遷推移して最終的に、〈第三次〉の皇室を中心とした大和朝廷に統一されていくと指摘している点である。

既存の古代史観のすべてが、北九州から大和へと上り詰める歴史観に貫かれているために、古代出雲史は正当に論じられることがなかったわけだが、その既存の日本建国時代に、いやがうえにも出雲なるものを抽出せざるを得ない事態にいたっているのだ。田中説も出雲地域における政権の存在を示しているわけではないが、神武天皇の前史として、出雲なるものが（ヤマトに）存在していたことを学問的に位置づけているのである。出雲氏は大和の中心地に歴史的存在として最も古く登場し、建国の祖の一つであることが位置づけられているのである。

このことをさらに明瞭にしていくために、田中氏は左図のように、天皇（皇室）誕生以前の日本の歴史の上に、出雲氏や物部氏、尾張氏のような神武以前の歴史の存在を描いているのである。

左図からもわかるように、神武天皇つまり皇室の祖先より以前の時代に、大和には、三輪山を中心にした出雲系の人々の働きがあったことを明瞭にしている。哲学者梅原猛氏は、『神々の流竄』（集英社文庫、一九八五年）の中で、ヤマタノオロチの神話は、大和の三輪山を舞台にした物語で、出雲神話の多くは大和から出雲に追放された神々の話であって、出雲は大和で権力を持っていた神々がその権力を剝奪され追放された捨て場所であるというものであった。

これに対して、私説では出雲の地は追放された地ではなく、もともと出雲なるものが大和にも進出してそこを開拓して大和をはじめたのであり、大和の背後の尾張とも密接に結びついて出雲なるものは豊かな交易の時代を創っていたと理解すべきだとしているわけだ。

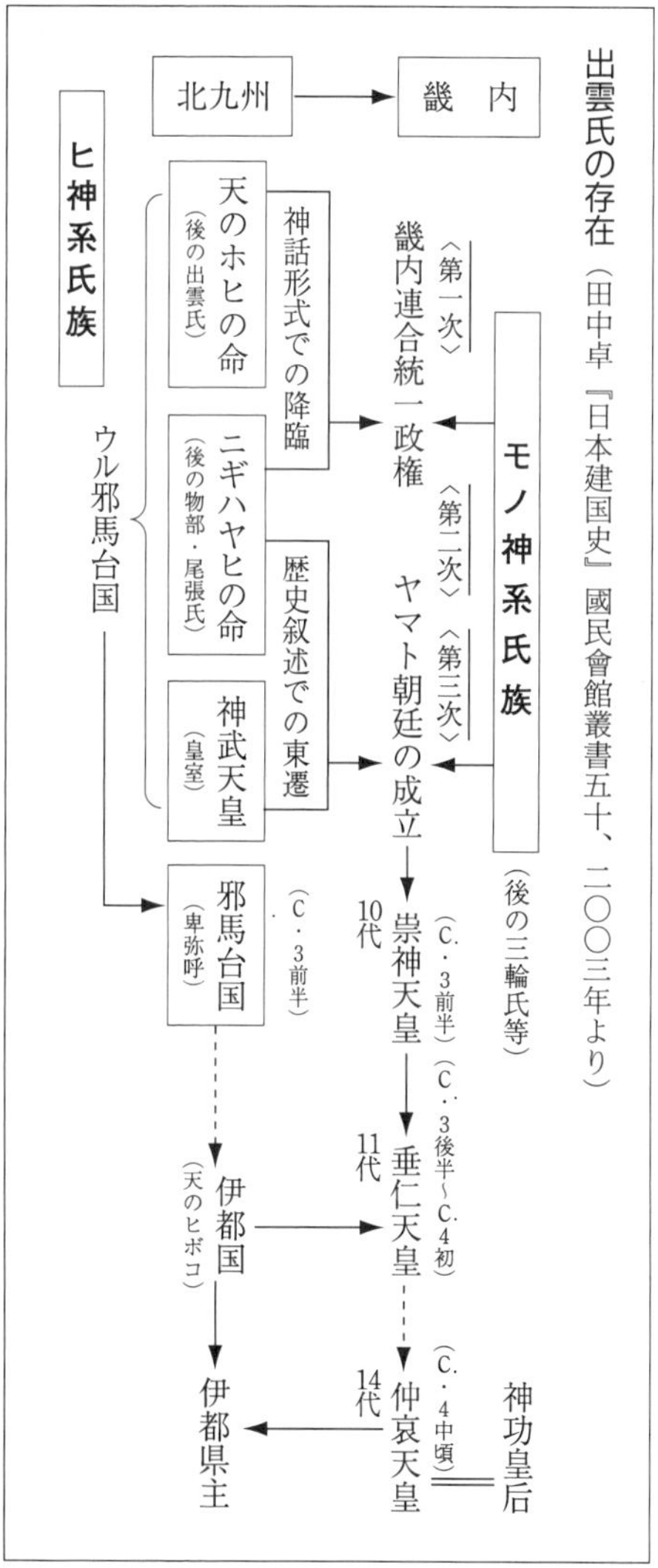

出雲氏の存在（田中卓『日本建国史』國民會館叢書五十、二〇〇三年より）

田中卓説は、大和で神武天皇が第三次に至ってその政権を確立すると推知している、田中氏も大和から出雲に至ったとして梅原説に似ているところもある。しかし、出雲においては、戦争を回避して大和政権にその権力を譲って、オオクニヌシノミコトは出雲大社に隠居したという理解が専らである。

肝心なことは、田中説等を入れて考えてみると、日（ヒ）の神として大和の神武天皇に繋がる先祖は、出雲のスサノオノミコトの子の天のホヒの命であるから、出雲に巨大な神殿を建てさせたことは、出雲がある時期大いなる国の中心であったことの証ともなると理解していいということである。

出雲大社は、東に出雲の拠点（意宇王の拠点・熊野大社の重要性）があったことから、大和の権力の承認のもとに、東の出雲から西の出雲に遷都した後に創建されたのではないだろうか。きわめて原始的な日本のかつての王国の地が西南出雲にあったと考えているわれわれには、出雲大社の創建はずっと後、奈良平安時代だったとしてもなんの問題もないのである。オオクニヌシノミコトの出雲大社への隠居とその創建の時期は、出雲が完全に大和の軍門に下ったことを象徴しているととらえるならば、むしろ妥当な理解であろうと思われる。

巨大な神殿の建設は、原始出雲時代の話ではなく、まさに大和を中心とした中央集権の確立していく象徴として七世紀から八世紀にかけての出来事と考えられる。だから「出雲国造の意宇（東）から杵築への転居」は、完全に出雲が大和の配下に入ったことを象徴する歴史的出来事だったと理解できるわけである。

本書でいう「素鉄時代」の古代出雲の話は、その大社創建の遙かなる昔のことと私は主張したい。景山繁光説をたどれば、須佐神社発によるスサノオノミコトの発展方向は南出雲から東へと進出し、やがて東から西へ至り、最も出雲的なる四隅突出型墳丘墓として西出雲（斐伊川の下流西谷）にその最盛期を迎える。それは、荒神谷遺跡の銅剣が埋葬されて終焉を迎える時期と重なり、それ以降は、次第に大和なるものの進出を受け入れて大和化していくのであり、わが三刀屋は、ゆえに最も早く大和に奪われる経緯にあったことを推知できるものである。

「古代出雲の王国の存在」を考えるときには、長い年月が費やされていると考えねばならないのである。古代出雲においては、出雲大社が日本の巨大神殿として創建できるほどの力をずっと持ちつづけてきた豊かなる地方だったことを考えておかねばならない。その豊かさを支えたのが「鉄」の産出だったと私は強調しているわけである。その意味で、平田遺跡はどうしても見ておきたい物証の地であった。

感激の御門火まつりを実行した日から一年後、鉄の始源を求める私は、同志金子博文氏とともに再び出雲を目指した。

蘇れ古代出雲よ

二〇〇四年十一月五日、一年ぶりに「砂の記憶」の地、出雲へ入った。先ず山歩きの記者金子博文氏とともに、砂の川「斐伊川」を目指した。幼いころから数えても、上流に向かって左岸を通った記憶のない私には、そのたたずまいは謎であった。鉄穴流しが最も盛んだった中世から近世にかけて、この斐伊川は、大量の砂を出雲平野に流し込む天井川だったが、鉄穴流しはなくなり、川砂鉄の採取もなくなった今は、川底も深くなって限りなく普通の川になってきている。私が子供のころは、川底が今よりずっと高い天井川で、土手から見る川は砂いっぱいに溢れて川幅が広く見えていた。

今年は台風が多くて斐伊川も危険水位を越えて危なかったそうである。荒ぶる濁流の川は、すでにおさまって清水を流す川に戻っていたが、両岸の柳や葦は流れ着いた小枝をいっぱいつけて川下に垂れていた。

この斐伊川は、記録によると太古から一本の川筋ではなく八本の川筋からなり、寄洲《よりす》には流れ着いた樹種によって木々が繁っていたという。肥沃な中洲には入植者が畑をつくっていたが、大洪水時にはひとたまりもなく開墾の地を押し流し民を泣かせたものだという。

私たちは、左岸の土手の舗装路を三刀屋方面に上がっていったのだが、途中砂浜の見える近くで車を下りて、何度も砂浜に立とうと試みたが、土手から砂浜までは深くなっていて、容易にはたどり着けなかった。

この川は古来より出雲一の川として交通の要所であり、鉄はもとより、米の産地であった上流より川船で運搬し、それは一大風物詩であったという。「竿は三年」といわれて、この砂の川を往来する高瀬舟の船頭は、たいへん高度なテクニックを必要としたそうである。なにぶん川底の流砂が激しく、昨日の淵は今日の浅瀬となって毎日航路がかわるから、相当に川の性質を熟知していないと、浅瀬に乗り上げて立ち往生するというものであった。

江戸時代の風物詩として、上りは一舟一人が綱で引き、一人が竿さして上り、十舟連なって上げる時は一人が竿さし十九人が綱を引き上げ、荷を積んだ帰りの舟は、風に帆を張って歌いながら下っていたという。

上流の三刀屋と木次の間に掛かる里熊橋《さとくまばし》と、下流の神立橋の間には、七カ所の渡し船があったが、加茂町三代と三刀屋伊萱《いがや》の間、出雲市の上津村森坂と出西《しゅっさい》村阿宮《あぐ》の間は、板の橋が渡してあって人や自転車は通れた。渡し船は今はない。森坂の板の橋一つだけはずっと残っていたが、今は人と自転車の通れる鉄製の橋となっている。

その橋には、流木から橋桁を守るための防御用の杭があり、その杭に小枝がたくさん絡まっていた。思わず車を下りてその橋の上に立ってみた。ここ、森坂の一方の左岸の村は、「出雲国風土記」に出てくる重要な歴史的な土地である。

斐伊川から神名山に向かう途中にあった石祠

古代、出雲はヤマトに制覇されていくのだが、出雲の制覇についての〝古文〟は出雲の神宝を奪いに来るヤマトの先兵が、出雲振根《ふるね》の留守に振根の弟飯入根《いいいりね》から神宝を奪っていくくだりを書いている（「古事記」「日本書紀」「出雲国風土記」）。出雲

古代出雲史の舞台を歩く

振根は留守をしている間に、弟がヤマトに宝を渡したことに腹をたてて弟を殺すと、それを知ったヤマトは出雲に攻め込んでくる。ヤマト側の吉備津彦命は、中国山脈から下りてくるようなかたちで出雲の主要な「御門圏」を真っ先に制圧していくわけだが、その道順が重要である。

肥の川上地方（斐伊川）に至った後、次なる制圧のコースは、「飯石郡田井……多久和……飯石川に沿って下り粟谷……三刀屋川流域を下り……肥の川河畔の求院に出で……沖洲原鹿を平定……名島を経て……出雲振根を征討つ」（『斐伊川史』）というものであった。

ここに登場する地名は、古代斐伊川の中流域であるわけだが〝肥の川河畔の求院〟とあるところが、今、森坂の渡橋のかかる出西村のことであり、河畔の程なくの木山神社には、大和からの出雲制圧にやって来て出雲を植民地にした、吉備津彦命が祀られていて、ここはその事蹟者の地なのだという。住所は、簸川郡斐川町求院《ぐい》字堀川八幡宮境内内社である。

　そんな〝古事〟を頭に描いて砂の川の中央の砂浜に私たちはようやく立ってみることができた。よく晴れた秋の出雲の川と山は美しい絵のようだった。川上を見て右手南の方角に三刀屋松本古墳群の御門一宮があり、左手東には仏経山を越した所に銅剣の隠し場所、荒神谷遺跡がある。

　皇国史観の大家・田中卓氏は、ヤマトにおける出雲制圧について次のようにのべている。

「……三世紀前半から四世紀初頭にかけて、大和を中心に版図を拡大しつつあった大和朝廷（崇神天皇・垂仁天皇朝）の攻勢がはじまります。その初めを物語るのが、四道将軍派遣の伝承等でありますが、出雲地方に対しては、特に日本書紀の崇神天皇六十年条、垂仁天皇二十六年条に見える出雲の〝神宝検校〟に関する記事が重要であります。神宝検校といいますのは、その氏族の奉ずる神の宝物を取り調べることでありますから、端的にいえば、討征と同じ意味に他なりません。

……（略）……これは、大和朝廷による出雲地方の平定を意味しており、この『史実』

を反映するのが、神代巻に見える〝出雲の国譲り〟の『神話』に他ならないと考えます。……（略）……この『神宝検校の史実』を踏まえますと、近年、出雲で発見されました神原神社遺跡（加茂町の出雲のフルネの墓と認められる。）の三角縁神獣鏡（卑弥呼が魏王から貰ったという有名な『景初三年』の紀年鏡と推定。）をはじめ、荒神谷遺跡（斐川町）の銅剣（三五八本）・銅矛（一六本）・銅鐸（六個）や岩倉遺跡（加茂町）の銅鐸（三九個）等は、要するに大和朝廷の検校に際して、出雲氏側が神宝のすべてを献上せず。或る程度、これを隠匿した遺品であるとする私見が、容易に理解されるでありましょう。……」（『日本の建国史』）。

荒神谷遺跡の大量な銅剣について、父・樋口喜徳は、大和朝廷から没収されるのを恐れて隠したのだと言っており、見解が一致している。

加茂の神原神社古墳と、三刀屋の松本一号墳が、四世紀中ごろ同時期、大和古墳時代初期に誕生していることが、意味深長になってくる。二つの古墳は、埴輪等の出土はないが、いずれも鉄の小刀や鉄の大刀等鉄製品が豊富に出ている。大和に制圧された直後の墓だから大和式になっているが、後の出雲の地区の平地稲作古墳文化のありさまとは似つかわしくない山間部での五十メートル級の古墳が意味するところは重要である。

その松本一号墳のある三刀屋へ向かって私たちは車を走らせた。

昼食時、私たちは、「御門火まつり」を共に成功させた松本古墳を考える会の片寄一郎会長等幹事さんと再会するために、国道54号線沿いの食堂にたどり着いた。一年ぶりの再会である。

二〇〇四年の十一月は、六町村が合併して「雲南市」になり、市政への移行で、てんやわんやの行政状況であり、私たちは合併を祝う立場にあるからと、「御門火まつり」の実施は来年にしようといってきたが、その来年の実施時期を話し合っておくことが肝心だった。「時期はね一宮の里祭りの一環にこれを実施したらどうかね、これからはああしたいこうしたいといって主張せねばならない時代だから一宮発で各方面の皆さんに働きかけていきましょうや」、片寄さんの提案にみんなが大賛成し、拍手して決意を新たにした。二千年の歴史を持つ古代出雲を構想して、わが日本の建国に参加した先祖たちの大いなる心に沿う「出会いの里づくり」を目指して「御門火まつり」を準備する事を誓い合った。

従来の出雲観光コースからは欠落していた南出雲の姿を蘇らせようとする一宮給下の「御門火まつり」は、確実に一歩を踏み出したのである。

「石飛さんおられますか」、会合の席に迎えが来たと知らせが入った。今年から合併して統合された隣町木次《きすき》町教育委員会の坂本さんが、平田遺跡に案内するからと迎えに来てくれたのである。すでに埋め戻されていて、特に掲示板もない鉄鏃の出土した平田遺跡は、東京からやって来てその位置を確認するには案内が必要な場所であった。

平田遺跡の調査の学術報告書は二〇〇四年やっとできたばかりであり、考古学上の気の遠くなるような掘り起こし調査は一朝には答は出てこない。私のように古代出雲よ蘇れと雲を摑むようなことをいう空想屋でもあらわれないかぎり、連れて行けとは誰も言い出さないところである。

平田遺跡の位置に立ってみて、私はあらためて来てよかったと思った。川のすぐ近くの台地にその鍛冶屋集落の里はあった。川底の石の間に見えるわずかな砂には砂鉄が含まれて黒々と見えた。台地からは石段を下りていかねば水には触れない。土手はなく、山に挟まれたような台地が両岸にあり、そこを川の上流に沿って道が延びている。

温泉村《おんせんむら》と名前のつく小学校の白い砂の校庭の下が、最初に縄文土器や、弥生土器が出てきた所で、鍛冶工房のあった鉄鏃の出土跡地は、そこからは少し離れたところにあり、今は田んぼになっていた。古代人が鉄をたたく槌音が今にも聞こえそうな、静かな山間で、山は低く穏やかな稜線を描いていた。

この木次町で今になって縄文から弥生そして古墳時代にかけて続々と遺跡が発掘されているのはなぜだろう。古代人の人口密度は古代都市といっても差し支えないほど近距離のところに古代遺跡が次々に発見されている。

行ってみてわかったのだが、めずらしい水力ダム（尾原ダム）の建設が既に着工しているので、古代遺跡の調査がいやがうえにも進んでいるというわけであった。地図を広げてその遺跡地を確認していくと、ここで働いていた古代人の生活全般が浮かんでくるかのようにたくさんの遺跡が出ている。

かつて父・樋口喜徳は、古代出雲王朝の存在を主張する説のなかに、一宮を中心に周辺を円に囲ってみると古代から伝わる神社遺跡の多いことを取り上げて、この地方は古代都市と呼べるほど人口の集中していたところだと語っていたものである。

この様子だと古代出雲遺跡は、わが一宮の台地からも、さまざまな痕跡が出てくるのではないだろうか。ただし、荒神谷遺跡がそうであったように土を引っくり返すような大工事でもないと、容易に発見されないのもまた古代遺跡なのである。

開発が遅れて遺跡の発掘も後れていた出雲の古代遺跡であるが、遺跡からの〝鉄〟の出土量は、ヤマト近畿地方の遺跡から出てきた鉄の出土量と比較してもその量ははるかに出雲のほうが多いことがわかってきている。出雲は朝鮮半島から、あるいは中国大陸からの〝鉄〟の輸入ルートが発達していた。そのことからも出雲は文明の表舞台にあったことを明瞭に示していることになると思う。

平田遺跡の見学を終えて離れるとき、坂本さんが教えてくれたことがある。私のいう鉄産出の「御門圏」の中で、平田遺跡よりさらに古い弥生中期に南出雲の横田町竹中遺跡で板状鉄斧が出土していると教えてくれたのである。私はひとり「やっぱり出たな」と呟いていた。将来は湖底に沈むことになる木次町の遺跡発掘現場等を訪ね、集められた石器や鉄器の置かれた倉庫を見せてもらい、資料をいただいた。その後、斐伊川を下り、〝斐伊川和紙〟をつくる現代の民芸家の工房を見せてもらい、今宵の宿となる三刀屋へと戻っていった。

朝鮮からの〝鉄〟の輸入元でもあったのが御門の里、一宮給下であったと主張しているわけだが、その一宮給下から須佐神社に向けての古代の交通路は必ずや存在したに違いないと私は思っていた。古代においては、川を利用した道のほかに、山越えの古道がこの地方には縦横に走っていたに違いないのだ。

その道の一つがオオクニヌシノミコトとスセリヒメが新居をもうけた一宮給下の「三屋神社」と、父親であるスサノオノミコトが、出雲を開拓するために旅立をしたという須佐神社を通る道であり、三刀屋町と佐田町（現、出雲市）を結ぶ山越えの古道が直線のように存在していたに違いないと想像したのである。だから、今回の出雲への旅の目的の一つにその古道を探索してみることがあった。

翌朝、あらかじめ用意してもらった江戸時代の古地図を便りに、一宮給下を起点にして古道探索に勇躍出かけた。

十一月六日早起きして弁当を作ってもらい、出発地点にしていた一宮給下三屋神社前に向かった。ここで落ち合う人は、私が小学六年生の夏に別れて以来の五十年目に会う同期生槇原富徳氏であった。今日実施する古道探索の先導役をお願いしていたのである。三刀屋小学校で机を並べていたときのこと、町中にいた私とは違って、彼は山の上になる高窪地区から山を下りてくるような形で通学していた元気者だった。高窪といえば、一時石炭が産出する所で、給下の山の上から三刀屋盆地を横切って隣町の蒸気機関車の通る木次駅まで、ケーブルカーで石炭が運ばれていた時代があった。二人ともその光景を覚えていた。足の早かった槇原君は懐かしい友であった。「ヤー、どうも樋口君、元気でなにより！」

くれた。

山道を行くからと小型の車に乗ってきて案内してくれるという彼は、先に来て待っていてくれた。

「御免！　無茶な頼みで申しわけないが、こんなこと言い出すのはおれくらいなものだから堪忍して付き合ってくれ！」強引なるお願いである。

「樋口君はよく遊んでくれたんだよ、樋口君のお父さんのことも知ってるし、突然あんたが学校からいなくなってどうしたのかと思ったもんだよ。六年生の時はあんた為石《ためいし》先生だったし！　喜んでやらしてもらうよ」私にはありがたいことこのうえない旧友の登場だった。

車のボンネットに地図を広げ、道をさがしながら出発した。古城《こじょう》と名のつく村を川に沿って上がっていった。彼が事前に当たりをつけておいてくれたので、道々どうするか、二股に別れる道ごとに車を止めて情況説明してくれた。古代人が山越えしていくその道がそのまま現代に使われているとは思わないが、なぞっていけばその環境の中にそれとわかる道筋は見えてくるはずである。やがて川筋は狭くなり山の狭間に行き着いた。この先は道がないというどんづまりに一軒の住宅があった。「この先に行く道はありませんか」槙原氏が訪ねてくれた。

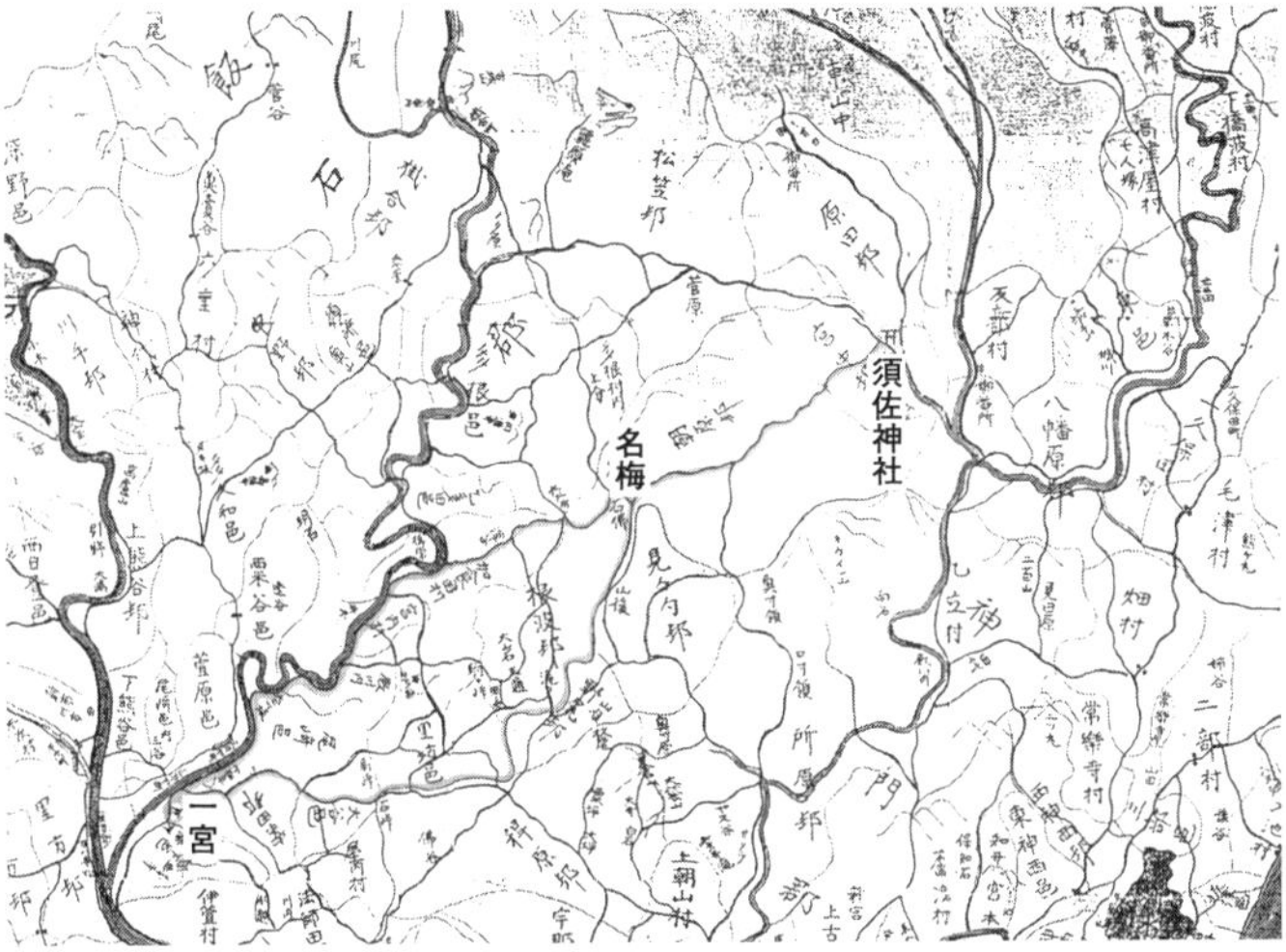

古道の面影を残す「御国絵図」（文久３年）

今はほとんど使わないが、かつて道は里《さと》方《ぼう》に向かって付けられていたという。今は行けない道だった。私にはこの道なき道は、須佐神社への最短の道の一つだとどうしても思えてしかたがなかった。

　車を止めてこの先は行ける所まで歩くことにした。目的を明確に持っている私や金子氏はたとえジャングルでも入るつもりであるが、槙原氏まで同行させる気にはなれなかった。車で先回りして上の方で落ち合えばいいと思った。ところが、二人は登るのだ知ると、彼は用意してきた鎌を取り出し先頭になって登りはじめた。

　山道はしだいに竹などが生えて、行く手を遮った。確かに道はつくられて小型の車ならのぼれたであろうが、今は藪の中に消えていた。何時しか泥が崩れ落ち、雑草と竹の繁る獣も通らぬ藪となって、行く手を阻んでいた。湿気でむせかえる藪中をもうすぐ頂上だろうと磁石を頼りに登っていくのだが、背丈を越える樹木に遮られ容易に進めない。身をくねらせ、足に絡まる小枝を払いながらなんとか進むのだが、先頭を行く槇原氏が鎌で枝を払ってくれるのでやっと進んでいく状態である。三メートル先を行く人間の姿が見えないほど凄い藪中を、汗びっしょりになりながらあえぎながらの前進であった。

やっと視界が開ける所に出た。眼下に給下松本古墳群の台地が三刀屋盆地を背景にくっきりと見えた。松本古墳群が独立した小山のようにくっきりと見えている。きっと古代人もこの高台からこの光景を見ながら往来の印としたに違いないと思える光景であった。やっぱり古道はこの筋に違いない。私はここが通れる道として復活することを願った。

峠の頂上に抜けると、そこは人家もある山里だった。車が通れる辻道に出たのだ。槇原氏がまたその一軒の農家を訪ね、車を取りに引き返したいからと交渉してくれた。林道をくねくねと回って、再びもときた道まで車で運んでもらったのである。眺望のきく林道の途中で車を降りて外に出てみると、そこからは遠く宍道湖までが見渡せる絶景の場所だった。来てみて実際に歩いてみなければ実感できないことであった。

山越えの古道発見に向かう（金子博文撮影）

私たちは再び古道をさがしながら、須佐神社を目指した。

江戸時代の地図によると、須佐神社への道は、一度、「名梅」の里に出てそこから、再び道なき道をさがしながら山越えをしなければならなかった。車なしでは生活できない現代人にとっては、車が通れない道は道ではないことになるから、再び藪の中に入り込まねばならないことになる。そこで三人で相談した結果、今回は車で行ける須佐神社への道だけをさがして進んでみようということにして、地図を頼りに須佐神社へと向かった。

車で行ける直進の道はなく、大きく迂回しながら、見見久《みみく》町に出てそこから「御方」～「段」～「寺領」～「槙」へと車を走らせた。

「槙」という里は、三刀屋からすると古道のある「名梅」の峠越えをしたすぐの所にある里で、須佐神社側の里である。今回はチャレンジできなかったが「槙」から「名梅」のルートは今後、探索しなければならない場所であった。車は「槙」から「郷」に出て「朝原川」を下って佐田町須佐神社に出た。

「おお着いたよ！」

須佐神社であった。

六月に東京で島根県人会が開催されたが、その席でお会いしていた佐田町の荒木町長に事前に連絡を入れておいた。電話をしてみると、須佐神社の宮司さんがお相手するから寄ってくださいとの話であった。

槙原氏は実母を亡くしたばかりで喪が開けていないからと神社には入らずにここで別れることになった。母親を亡くしたばかりであり、このうえない悲しみの只中にある旧友を、私はあの藪中を鎌ふりあげて登山させたのである。母親を亡くすことがどんに悲しいことか、私もまた三十三回忌を迎える母・樋口栄子を亡くした日のことを思って息が詰まりそうになった。

しかし、私は直前に聞いていたその悲しい話を一度もしなかった。なぜならそんな不幸の最中に私の無理難題を引き受けてくれたその心がものすごくありがたかったから黙っていたのである。藪中を突破し、山水で手を洗い、持参した弁当を一緒に食べたあの昼飯《ちゅうはん》の何と美味しかったことか！　悲しみは一瞬山頂に散華した。

「じゃあ、あらためて一杯やろうな」

肩組んで二人で記念写真を撮って別れた。

ありがとう！　私は別れを告げると、須佐神社の社務所に向かった。

須佐神社には巨木が一本、天に向かってそびえているが、出雲大社の創建時に使われた巨木が須佐の山々から切り出され、神門川を下って大社（杵築）まで運ばれたのであろうことは、近年、太田市三瓶町の小豆原で発見された三千五百前の埋没林（三瓶山《さんべさん》一一二六メートルの噴火による埋没）の存在によって証明されている。

その巨木は、古代朝鮮からもたらされた〝鉄〟の道具によって切り倒されたのだと想起するのは自然なことであった。

私たちは、その須佐神社を起点にし、三刀屋一宮を目指して車に乗り込んだ。古道をさぐる旅は、もう一つの道である三刀屋川沿いも見ておきたかった。スサノオノミコトが食物の種蒔を教えたと伝承にある「多根《たね》」と里名のある掛合《かけあい》町から「坂本」に抜けて三刀屋川を下って一宮に向かった。

出雲大社と同じ紋（三重亀甲に剣花菱）をもち、同じ型体の社殿を持つオオクニヌシノミコトとスセリヒメの新居跡・三屋神社に到着した。千木がもぎれて床に横たえられていたあの悲しく哀れな神社ではなくなっていた。氏子たちの寄付で修復され装いも新たに新しい銅板の屋根に千木は立ち上がっていた。明日は氏子が集まっていよいよお披露目用の記念写真を撮るのだと神殿はお化粧して蘇っていた。

新しい銅板屋根に誇らしく立つ千木を見上げて、私はカメラに収めた。

わが故郷、わが出雲、わが御門、蘇れ古代出雲よ。「御門火まつり」実施への思いを深めて、私は、父母の眠る菩提寺へ花を手向けるために歩み出した。

あとがき

「弥生時代の中期後半の紀元の前ごろ須佐の首長は出雲南部に進出し多くの村落をまとめて支配者となった」と、スサノオノミコトの出現を描いた景山繁光先生の古代三刀屋史観が提示されたことによって、出雲と大和の関係はきわめて明瞭になった。出雲から出立したスサノオノミコトが全国化していく歴史の中に、その子らの、あるいは一族の活躍が、後の時代の近畿大和に権力が集中して出来上がっていく〝大和〟の下地をつくっていったのだ。

ずっと縄文文化の花咲く共同体であった古代日本列島は、争いのない（貧富の差のない）、収奪と被収奪に別れない未分化の時代が続いていた。やがて、朝鮮南部と出雲が共同体をつくることによって、中国・朝鮮半島・北九州から到来していた弥生文化を混入させて、ムラを各地につくらせていくと、富の蓄積において官僚機構を必要とするようになり、その象徴としてまとめ役の天皇が大和に登場していく。

私が、本書で求めてきたものは、消された古代出雲史を〝その平和なる文化を体現していた実像として〟再構築するという願いである。

＊

近代になって列強の世界支配を押し戻す役割を演じた日本であったが、結果は深く傷つけ、傷つき敗北のうちに分裂していった。新しい日本の立場は、もう一度古代の東アジアを俯瞰して、そのおおらかなる共同体の世界観が存在したことに思いをはせることが必要であると思う。

そして、新しい出雲を描くとき、私は東アジアの芸能文化の拠点づくりに、一刻も早く名乗り出さねばと思うのである。故野村万之丞は、最後となった「復元・阿国歌舞伎」の上演に際してきわめて貴重な発言を残している。曰く、

「阿国〝傾く精神〟とは、僕はハン〈恨〉だったと思います。ハンとは〝恨めしい〟ではなく、『あるべきものがそうでない状態にある』時に出てくる感情やエネルギー。胆力みたいなものでしょう。北方舞踊族の私たち、北朝鮮や韓国と日本とが離れること自体、ハ

ンなんです。

阿国の踊りは単なる能のパロディーではなくて、かなり広範囲にあった北東アジアの舞踊に位置づけできる。阿国歌舞伎は、当時の豊臣秀吉の朝鮮出兵へのレクイエム〈鎮魂歌〉だったと思います。」

まさにその通りだと思う。阿国は出雲に誕生して古く国津神としてのオオクニヌシノミコトにつながり、文明の渡来の象徴である天津神のスサノオノミコトの邪気を払う剣の舞に重なると思うのである。

故野村万之丞が指摘するように、「離れることの鎮魂歌が阿国歌舞伎の発生だ」とすれば、東アジアの文化はひとつながりの文化として、今こそ蘇らねばならないことである。

＊

本書をまとめるにあたって、教えをいただいた先達の文献に感謝します。特に、わが故郷にお住まいの景山繁光先生には、最新の地元での資料をコピーしていただき、懇切なる教えを受けました。また、私と共に出雲に入り、山を歩き、出雲人に会い、古層へ降りていく私を励ましてくれた同志、金子博文氏は、現代史の「花岡事件」に取り組んできた実証的研究を深めるためにも、忘れられた出雲古代史に踏み込む必要があることをよく理解していただきました。また、出雲古代史の著作をもつ木次出身の和久利康一氏にも教えられました。そして鎌振りまわして先導を努めてくれた同期生、槙原富徳氏たち懐かしい出雲人にお礼を申し上げます。

私は三十年間週刊誌の記者であり続けることができたが、その職場であった光文社「女性自身」の歴代担当編集者のみなさんと、取材に応じていただいた大勢の方にもこの場をお借りして御礼申し上げます。

本書を故樋口喜徳と母栄子に捧げたいと思います。

最後になりましたが、特異なる本書の出版にご尽力いただいた自然食通信社の横山豊子さん、故小汀社長の後を継ぎ新泉社を発展させた石垣雅設さん、たいへんお世話になりました。

使用させていただいた主要参考文献を掲示し、遙かなる古代出雲の時代を刻む年代譜を付けておきました。

二〇〇五年七月　文京区根津にて

石　飛　　仁

主な引用参考文献（順不同）

景山繁光『古代のロマン三刀屋神話』（私家版）
景山繁光『弥生・古墳時代の出雲と神話の実相』（私家版）
景山繁光『三刀屋地名由来について』（私家版）
長瀬定市編『斐伊川史』斐伊川史刊行会、一九五〇年
三刀屋町誌編纂委員会『三刀屋町誌』三刀屋町、一九八二年
樋口喜徳『「進め社」の時代』新泉社、一九九三年
和久利康一『古代出雲と斐伊川』新泉社、一九九五年
大塚正信『銅鐸と日本神話』（私家版）
『風土記』（吉野裕現代語訳）平凡社ライブラリー、二〇〇〇年
『古事記』（次田真幸全訳注）講談社学術文庫、一九七七年
安達巖『出雲王朝は実在した』新泉社、一九九六年
安達巖『出雲王朝の軌跡を辿る』新泉社、一九九一年
安達巖『弥生文化のルーツは出雲だ』新泉社、一九九二年

網野善彦『「日本」をめぐって』講談社、二〇〇二年
壱岐一郎『新説・日中古代交流を探る』葦書房、一九八九年
石塚尊俊『鑪と刳舟』慶友社、一九九六年
石渡信一郎『古代蝦夷と天皇家』三一書房、一九九四年
上田正昭『古代文化の探求』講談社学術文庫、一九九〇年
上田正昭他『出雲の神話』淡交社、一九七二年
梅原猛『神々の流竄』集英社文庫、一九八五年
梅原猛『古事記』学研文庫、二〇〇一年
小椋一葉『消された覇王』河出文庫、二〇〇五年
門脇禎二『出雲の古代史』日本放送出版協会、一九七六年
門脇禎二『検証古代の出雲』学習研究社、一九八七年
権藤成卿『日本農政史談』純真社、一九三二年
澤田洋太郎『出雲神話の謎を解く』新泉社、二〇〇三年
柴田弘武『鉄と俘囚の古代史』彩流社、一九九二年
司馬遼太郎他『朝鮮と古代日本文化』中公文庫、一九八二年
関裕二『謎の出雲・伽耶王朝』徳間書店、一九九五年
瀧音能之『古代出雲の世界』歴研、二〇〇一年

田中卓『日本の建国史』国民會館、二〇〇三年
中矢伸一『神々が明かす日本古代史の秘密』日本文芸社、一九九三年
朴炳植『出雲族の声なき絶叫』新泉社、一九九一年
富士谷あつ子『阿国夢幻』かもがわ出版、二〇〇一年
藤森栄一『銅鐸』学生社、一九九七年
松井和幸『日本古代の鉄文化』雄山閣出版、二〇〇〇年
松前健『出雲神話』講談社現代新書、一九八九年
真弓常忠『古代の鉄と神々〈改訂新版〉』学生社、一九九七年
水野祐『古代の出雲』吉川弘文館、一九七二年
水野祐『日本古代の国家形成』講談社現代新書、一九八三年
森浩一他『古代日本海文化の源流と発達』大和書房、一九八五年
森浩一他『海と列島文化　第二巻　日本海と出雲世界』小学館、一九九一年
安本美典『邪馬台国と出雲神話』勉誠出版、二〇〇四年
山科誠『日本書紀は独立宣言書だった』角川書店、一九九六年

本文に関係する出雲古代年表

＊ただし、古代日本史において出雲史を正しく年表に表わすことは今も困難である

中国・朝鮮・大和	出雲
前二二一年　秦、中国統一	＊銅鐸・銅剣・銅矛を祀る青銅器祭祀行われる（荒神谷遺跡・ヨレ遺跡）。鉄製斧が伝わる（中山国竹遺跡・西川津遺跡）
前二〇二年　漢帝国成立	
前一九五年　衛満朝鮮創建	＊中海・宍道湖・山間盆地に多数の村落が生まれる
前一〇八年　朝鮮半島に楽浪郡以北以下四郡設置	＊銅鐸・銅矛を使っての青銅器祭りが村落ごとに行われる
	＊中国山地の三次盆地や山陰沿岸に四隅突出型墳丘墓が出現
	＊各地の平野と盆地で人口増加、集落の規模拡大、「邦」ないし「クニ」ができていく
前五七年　新羅建国し国号を徐那伐とする	
前三七年　高句麗の始祖東明王建国	
前一八年　百済始祖、慰礼城で建国	

中国・朝鮮・大和	後一年頃　倭人百余国に別れ乱あり（漢書地理誌） 五七年　「倭奴国」後漢に入貢する 六七年　漢の明帝永平八年、仏教が中国に入る 一二一年　高句麗・馬韓等漢の玄城を包囲する
出　雲	紀元頃　青銅器祭りが影をひそめる。平野部の環濠集落がさらに規模を大きくし（古志本郷遺跡）、鉄器が急速に発達する（上野II遺跡） 五〇年頃　荒神谷の大量銅剣、加茂の大量銅鐸埋納される ＊「邦」の「王」一族が大型四隅突出型墳丘墓に葬られるようになる ＊出雲の首長と吉備や北陸の交流が一時みられる（西谷三号墳）。やがて、大型化が進み、山陰各地の邦がまとまり「山陰連合体」が形成される

二〇四年　公孫康、楽浪郡南部を分割し、帯方郡を設置
二三四年　（諸葛孔明没）魏と高句麗和親
二三九年　邪馬台国の女王卑弥呼（日御子）魏に遣使。「親魏倭王」の称号を受ける
二五〇年頃　古墳時代始まる。大和に前方後円墳箸墓古墳築造
＊これは大和に古墳文化を築くほどの最大なる勢力が発生したことを意味し、大和式古墳が日本各地、特に出雲に出現することは、大和に統一権力が存在しはじめたと考えることができる

二三九年　魏で景初三年銘の鏡つくられる（加茂町神原遺跡）
＊出雲西谷古墳群の大型の四隅突出型墳丘墓が最後となる

中国・朝鮮・大和	出雲
二八〇年　晋の武帝が呉を平定して天下統一 ＊一〇年後司馬氏の中に反抗勢力が出て政情不安定となる。その最中に旱魃が続き南方へ移動、この中から客家が生まれる 二八五年　百済人王仁博士、論語千文字を日本に伝える 三一四年以降　高句麗が漢民族の楽浪・帯方両郡を倒す	＊雲南市加茂町に神原神社古墳出現 三五〇年頃　松本古墳一号墳（五〇メートル級）がつくられる（三刀屋給下）。 ＊これは、出雲市西谷の大型四隅突出型墳丘墓消滅から一〇〇年後のことで、出雲地方に大和式の古墳としてはじめて出現している点が注目される

三七二年　高句麗は東アジア最大の大
学を建設
四五八年　（宋大明二年）　関西の扶桑
国に中国の僧が仏典を伝え
たとの説あり
四七八年　倭王武、南宋王朝に遣使、
上表文を差し出す
＊「ワカタケル」大王の統治（埼玉県
稲荷山古墳の鉄剣）

＊松本古墳誕生以降に出雲各地で小規模の古墳がつくられる
（出雲市山地古墳、鹿島町奥才古墳群、松江市釜代古墳・月
廻古墳、八雲村小屋谷三号墳、東出雲町古城山二号墳、木次
町斐伊山中二号墳）
＊隠岐の島にも前期古墳が築造される（大和式古墳の韓国への
影響が考えられる）
＊玉造花仙谷山周辺で、玉ずり専業化始まる
四五〇年頃　出雲でも須恵器が使われるようになる。埴輪もみ
られるようになる（安来市山根須恵器窯跡）

中国・朝鮮・大和
五三八年　百済から仏教日本に伝わる
五五二年　百済の聖明王金銅仏・経綸などを天皇に贈る。蘇我稲目崇仏を主張、物部尾興廃仏を主張。疫病流行のため物部寺を焼く
五八七年　蘇我馬子と物部守屋崇仏で可否を争う
六四五年　大化の改新
六六三年　白村江で日本軍大敗
六七二年　壬申の乱
七一〇年　平城京遷都
七一二年　『古事記』なる

出雲
六五九年（斉明）　出雲国造に杵築大社修造を命じる
＊出雲神話なる
七一二年　出雲国造出雲果安、朝廷にて神賀司を奏上

七一三年　全国の風土記撰進の官命下る

七二〇年　『日本書紀』成立

〈以下略〉

＊出雲神話なる

七二四年　出雲国造出雲広島、朝廷にて神賀司を奏上

七三三年　出雲国造出雲広島が責任者となって「出雲国風土記」を撰進（完成）する

〈以下略〉

著者紹介

石 飛　仁（いしとび・じん、本名・樋口仁一）

1942年8月生まれ。島根県飯石郡三刀屋町・給下三刀屋一宮小学校出身・東京新宿区立富久小学校6年時に転校卒業。東戸山中学校（一期生）、駒沢大学高校から駒沢大学国文科卒業。劇団「青俳」演出部所属。劇団「現代人劇場」結成に参加。1970年退団後、ルポライター。1972年より光文社「女性自身」シリーズ人間班専属記者として30年間所属。ライフワーク「花岡事件」戦後未処理問題に取り組む。1984年から「事実の劇場・劇団不死鳥」を結成、演出・構成を手がける。報告劇「中国人強制連行の記録」「天皇延命1945年」「一人語り花岡川の赤い花」等がある。

現在、東京東アジア文化交流会代表、日本写真芸術専門学校講師、フリーライター。

主な著作　『中国人強制連行の記録』三一書房、『夢の砂漠』佐川出版、『風の使者ゼノ』自然食通信社、『For beginners シリーズ74　花岡事件』現代書館、『魂の教育』東林出版他

自宅住所　〒113-0031　東京都文京区根津2-31-5-301

蘇れ古代出雲よ——出雲王朝は鉄の故郷・三刀屋にあった

2005年10月1日　第1版第1刷発行

著　者＝石 飛　仁
発行所＝株式会社　新 泉 社
東京都文京区本郷2-5-12
振替・00170-4-160936番　電話03-3815-1662　FAX03-3815-1422
印刷　創栄図書印刷／製本　榎本製本
ISBN4-7877-0515-6　C1021

古代出雲と神楽
和久利康一著・四六判・二七二頁・一七〇〇円＋税

よみがえる古代出雲王国
和久利康一著・四六判・二二四頁・一七〇〇円＋税

出雲王朝の軌跡を辿る　●葦原の中つ国とその時代
安達　巖著・四六判・二六四頁・一六〇〇円＋税

弥生文化のルーツは出雲だ　●倭韓連合国家論
安達　巖著・四六判・二二四頁・一五〇〇円＋税

大和は出雲の後継である
安達　巖著・四六判・二二四頁・一六〇〇円＋税

出雲神話の謎を解く　改訂新版
澤田洋太郎著・四六判・二七二頁・二〇〇〇円＋税

出雲族の声なき絶叫　●記紀の陰謀と出雲風土記の抵抗
朴炳植著・四六判・二一二頁・一五〇〇円＋税